Schluss mit Angst & Panik

Tipps und Hilfe für Betroffene

ALEXANDER STERN

ISBN: 9783864270505

DANKSAGUNGEN

Mein Dank geht an die vielen Menschen, die mitgeholfen haben, damit dieses Buch entstehen konnte. Ganz besonders danken möchte ich den Lesern meiner Bücher, die mit ihren Fragen und Anregungen entscheidend dazu beigetragen haben, dass dieses Buch entstanden ist.

Der Dank gilt auch den Besuchern unserer Website

www.gefühlundverstand.de

Deren Ansporn hat mich ermutigt, das Buch nun auch in gedruckter Form fertigzustellen.

Nicht zuletzt gilt mein ganz besonderer Dank meiner Familie, die mich in jeder Hinsicht ermuntert und unterstützt hat.

Ohne euch alle, würde es dieses Buch nicht geben!

INHALT

ÜBER DIESES BUCH

Angst ist in ihren unterschiedlichen Ausprägungen eines der am häufigsten diagnostizierten psychischen Probleme im 21. Jahrhundert.

Allein in Deutschland leiden mehr als 10% aller Patienten, die einen Arzt aufsuchen, unter einer Angststörung. Eine Untersuchung in den USA zeigte, dass etwa 20% aller Krankenhaus-Patienten unter Angstproblemen leiden.

Sie sind mit diesem Problem also beileibe nicht alleine. Der Grund, warum man von Freunden, Bekannten und Kollegen so selten etwas über dieses Thema hört, liegt darin, dass das Sprechen über seelische Probleme vielen Menschen schwerfällt.

Dazu kommt, dass zum Beispiel Arbeitnehmer die u. U. nicht völlig unbegründete Befürchtung haben, dass das Eingestehen einer solchen Schwäche für sie berufliche Nachteile mit sich bringen könnte.

Auch im Privatleben ist das Sprechen über psychische Probleme oft nicht leicht. Insbesondere Männer tun sich hier schwer. In bestimmten gesellschaftlichen Bereichen (zum Beispiel in einem Sportverein) werden seelische Probleme generell nicht thematisiert. Die Folgen können tragisch sein, wie das Beispiel des bei Hannover 96 spielenden Fußballers, Robert Enke, zeigt, der an einer Depression erkrankte und sich in der Folge aus Verzweiflung das Leben nahm.

Die gute Nachricht ist, dass Angsterkrankungen heilbar sind. Tatsächlich gehören sie sogar zu den am besten behandelbaren psychischen Problemen überhaupt.

In diesem Buch finden Sie viele nützliche Tipps und hilfreiche Ratschläge, die anderen Menschen mit einer Angststörung geholfen haben, besser mit ihrer Angst umzugehen oder sie zu überwinden.

Einige Tipps sind dazu gedacht, Ihnen in akuten Angstsituationen zu helfen, andere zielen auf längerfristige Veränderungen ab, die nicht innerhalb einiger Tage oder Wochen zu erreichen sind.

Sie müssen natürlich nicht alle Vorschläge beherzigen. Suchen Sie sich einfach die Tipps aus, die am besten zu Ihrer Situation und zu Ihrem Typ passen.

Auf Ihrem Weg aus der Angst wünsche ich Ihnen alles Gute und viel Erfolg!

Ihr

Alexander Stern

WICHTIGE HINWEISE

Die Antworten, Erklärungen und Erläuterungen in diesem Buch sind allgemeine Informationen und keine individuellen Behandlungsvorschläge. Sie sollen nicht zur Selbstdiagnose oder Selbstbehandlung verwendet werden. Die Informationen und beschriebenen Vorgehensweisen in diesem Buch ersetzen nicht einen Arztbesuch.

Suchen Sie Hilfe

Wenn Sie auch den Verdacht haben, an einer Angsterkrankung zu leiden, sollten Sie nicht zögern, einen Arzt aufzusuchen. Die erste Anlaufstelle dafür ist in der Regel der Hausarzt. Sie können aber auch direkt einen psychiatrischen Facharzt oder einen Psychologischen Psychotherapeuten aufsuchen.

Auch wenn Sie bemerken, dass sich Ihre Stimmung grundlegend verändert, sollten Sie einen Arzt aufsuchen. Angst kann zum Beispiel auch ein Begleitsymptom einer Depression sein.

Der Arzt kann auch abklären, ob der Angstsymptomatik unter Umständen eine organische Erkrankung (z. B. eine Schilddrüsenüberfunktion) zugrunde liegt.

Lassen Sie sich nicht auf monatelange Wartezeiten ein. Weisen Sie auf die Dringlichkeit hin. Je früher eine Angsterkrankung behandelt wird, desto besser sind die Heilungschancen.

Hören Sie auf Ihren Arzt

Sicher ist es richtig, auch die Diagnosen und die Behandlung durch einen Arzt nicht völlig unkritisch hinzunehmen. Sollten Sie (vielleicht durch das Lesen dieses Buchs) Fragen oder Zweifel haben, sprechen Sie Ihren Arzt direkt darauf an. Jeder gute Arzt wird sich die Zeit nehmen, Ihnen zu erklären, warum er welche Behandlungsschritte für richtig oder notwendig hält. Suchen Sie einen Arzt, dem Sie vertrauen, und halten Sie sich im Zweifelsfalle immer an dessen Anweisungen.

„Andere Bezeichnungen“

Beim Thema Angsterkrankungen (und auch bei anderen psychischen Erkrankungen) findet man häufig unterschiedliche Bezeichnungen für gleiche oder ähnliche Krankheitsbilder und Symptome. Dazu gehören ältere, aber noch gebräuchliche alternative Bezeichnungen oder solche, die aus dem internationalen Sprachgebrauch übernommen werden. Wir verwenden im Buch die den neuesten Richtlinien entsprechenden Begriffe. Wo es alternative Bezeichnungen gibt, weisen wir darauf hin. Das hilft Ihnen, wenn Sie zum Beispiel in einem Buch, einem Zeitschriftenartikel oder in einem Arztbrief auf Begriffe stoßen, die nicht den aktuellen Richtlinien entsprechen.

Aktualisierungen und Kontakt

Bitte beachten Sie, dass die Erforschung von seelischen Störungen und ihrer Ursachen zeitgleich auf vielen wissenschaftlichen Ebenen stattfindet. Dementsprechend ist sie ständig im Fluss. Monat für Monat erscheinen neue Studien und Untersuchungsergebnisse. Durch die neue Print on Demand-Technologie sind wir in der Lage, das Buch regelmäßig zu aktualisieren. Sie erhalten also automatisch immer die zum Zeitpunkt der Bestellung aktuellste Ausgabe des Buchs.

Wenn Sie Fragen oder Anregungen zum Buch haben, freuen wir uns, wenn Sie uns schreiben. Die entsprechenden Kontaktdaten finden Sie wie immer am Ende des Buchs.

ÄNGSTE UND ANGSTSTÖRUNGEN

Das Gefühl von Angst kennt jeder. Angst ist ein elementarer und wichtiger Teil des (menschlichen) Lebens. Angst ist im Grunde etwas Positives, nämlich ein wichtiges Warn- und Alarmsignal, das uns auf Gefahren und Bedrohungen aufmerksam macht und uns davor schützt, zu große Risiken einzugehen.

Angst bewahrt uns davor, Gesundheit und Leben aufs Spiel zu setzen. Gleichzeitig steigert Angst unsere Leistungsfähigkeit in bedrohlichen Situationen und versetzt uns so erst in die Lage, diese unbeschadet zu überstehen.

Im Verlauf der Menschheitsgeschichte war Angst für den Menschen überlebensnotwendig. Erst die Angst versetzte ihn in die Lage, gefährlichen Situationen auszuweichen oder diese zu meistern. Im Fall unserer Vorfahren war das oft eine Frage des Überlebens. Denn nur, derjenige, dessen Angst genügend Energie freisetzte, um beim Kampf mit einem wilden Tier zu fliehen oder es anzugreifen und zu besiegen, hatte eine Überlebenschance.

Auf der rein körperlichen Ebene funktioniert das Freisetzen von zusätzlicher Energie vor allem durch die Ausschüttung des „Stresshormons" Adrenalin. Dieses wird jedes Mal, wenn wir Angst verspüren, im Nebennierenmark freigesetzt. Die (eigentlich erwünschte) Folge: Blutdruck und Herzfrequenz steigen, die Durchblutung und die Darmtätigkeit werden für Flucht oder Kampf optimiert.

Eine der Ursachen, warum Angst heutzutage für viele zum Problem wird, liegt darin, dass wir häufig angstauslösende Situationen erleben, in denen wir die durch die Angst freigesetzte Energie mangels Bewegung nicht verbrauchen und „abarbeiten" können.

Stattdessen empfinden wir nur die beunruhigenden Symptome wie zum

Beispiel den beschleunigten Puls oder die verminderte Durchblutung der Haut. Beides können wir oft nicht einordnen und fühlen uns davon bedroht. Gerade dieses Gefühl der Bedrohung löst aber erneut Angst mit all ihren Begleiterscheinungen aus - ein Teufelskreis.

Nicht selten kommt es dann dazu, dass wir bereits im Vorfeld befürchten, dass dieser unangenehme Zustand wieder eintritt. Man spricht dann von der *Angst vor der Angst.*

Normale oder krankhafte Angst?

Wie bei fast allen seelischen Problemen sind auch hier die Übergänge fließend. Tatsache ist jedoch, dass viele Betroffene viel zu lange warten, bevor sie mit ihren Angstproblemen Hilfe suchen.

Das Problem: Besteht eine Angststörung schon lange, hat sich der Betroffene oft schon so sehr an diesen Zustand gewöhnt, dass er ihn bereits als „normal" empfindet.
Viele Angstpatienten ertragen ihre oftmals quälenden Ängste sehr lange, weil sie schon gar nicht mehr wissen, wie sich ein angstfreies Leben „anfühlt".

Oft fehlt auch das Wissen darüber, dass Angstprobleme weit verbreitet und sehr gut behandelbar sind. Selbst die meisten Hausärzte sind mit der Problematik vertraut. Im Zweifelsfall erfolgt eine Überweisung zu einem Facharzt.

Ausschlaggebend für die Bewertung Ihrer Ängste sollte Ihr eigenes Gefühl sein. Wenn Ihre Ängste Sie so belasten, dass sie zu einer Verringerung Ihrer Lebensqualität führen, sollten Sie Hilfe suchen. Angststörungen können behandelt und aufgelöst werden. Zögern Sie also nicht zu lange.

Im Folgenden finden Sie eine Reihe von Symptomen, die typischerweise bei einer Angststörung auftreten.

Typische Symptome von Angststörungen:

- **Häufiges Auftreten**
  Der Betroffene empfindet deutlich häufiger Angst als seine Mitmenschen in vergleichbaren Situationen.

- **Unfähigkeit, die Angst selbst aufzulösen**
  Im Gegensatz zur „normalen" Angst fühlen sich die von einer Angststörung Betroffenen ihrer Angst oft ausgeliefert.

- **Entwicklung einer ängstlichen Persönlichkeit**
  Dazu gehört, dass die Betroffenen generell ruhelos, angespannt, schreckhaft oder auch reizbar sind.

Auch häufig übertriebene Befürchtungen („es könnte etwas passieren" / „es könnte etwas passiert sein") sind typische Anzeichen.

- **Angst ohne erkennbare Ursache**
  Der Betroffene erlebt Angstzustände, ohne dass dafür ein objektiver Grund, zum Beispiel eine Bedrohung, zu erkennen ist.

- **Plötzliches Auftreten (Panikanfall)**
  Der Betroffene erlebt überfallartig plötzliche Anfälle von Angst und Panik.

- **Vermeidungs- und Rückzugsverhalten**
  Die Betroffenen vermeiden angstauslösende Situationen und ziehen sich immer mehr zurück. Nicht selten entsteht eine Sozialphobie. Die Betroffenen vermeiden den Kontakt insbesondere zu Fremden.

- **Leidensdruck**
  Die Betroffenen leiden erheblich unter ihren Ängsten. In akuten Angstsituationen (zum Beispiel während einer Panikattacke) können kaum zu ertragende Ängste, bis hin zu Todesängsten auftreten. Die Betroffenen spüren, dass etwas „nicht in Ordnung" ist, können aber nichts daran ändern.

- **Körperliche Symptome**
  Typisch sind Schlafstörungen (manchmal mit Albträumen), Herzrasen, Herzstolpern, Atemnot, Kloßgefühl im Hals, Verdauungsprobleme, Zittern, Schwitzen, Schwächegefühle oder auch Potenzprobleme bei Männern.

- **Selbstbehandlungsversuche**
  Nicht selten leiden die Betroffenen so sehr unter ihren Ängsten, dass jedes greifbare Hilfsmittel, das Linderung verspricht, ergriffen wird.
  Die Bandbreite der Selbstbehandlungsversuche reicht von harmlosen Mitteln wie Baldrian bis zu Beruhigungsmitteln, Alkohol oder anderen Drogen. Oft kann der Alltag ohne diese „Hilfsmittel" nur

noch schwer bewältigt werden.

Wenn eins oder mehre der genannten Symptome bei Ihnen auftreten sollten, liegt der Verdacht nahe, dass Sie unter einer Angststörung leiden. Um andere mögliche Ursachen auszuschließen, kann ein Arzt einige einfache Untersuchungen durchführen. Denn auch rein körperliche Erkrankungen, wie zum Beispiel die weitverbreitete Schilddrüsenüberfunktion oder auch eine Unterzuckerung, können manchmal die genannten Symptome auslösen.

Sind Angststörungen heilbar?

Angststörungen gehören zu den am häufigsten diagnostizierten seelischen Problemen überhaupt. Und die gute Nachricht ist ja, Angststörungen sind nicht nur heilbar. Sie gehören sogar zu den am besten behandelbaren psychischen Problemen überhaupt.

Vieles können die Betroffenen selbst tun. Dazu gehören zum Beispiel die Tipps und Ratschläge in diesem Buch.

Die Behandlung durch einen Arzt ist fast immer sinnvoll und in vielen Fällen auch notwendig. Bei der ärztlichen Behandlung unterscheidet man zwischen der Akutbehandlung und der langfristigen Auflösung der Angststörung.

Grundsätzlich ist insbesondere in der Akutphase eine Behandlung mit Medikamenten möglich und in manchen Fällen auch das Mittel der Wahl. Langfristig werden in einer Therapie gemeinsam mit dem Patienten Strategien entwickelt, mit deren Hilfe dieser dauerhaft zu einem normalen Umgang mit der Angst und den angstauslösenden Ursachen gelangt.

Eine Angsterkrankung ist nichts, wofür man sich schämen müsste. Millionen anderer sind ebenfalls davon betroffen. Hilfe ist möglich und ein Leben, ohne quälende Ängste für jeden greifbar.

Einen ersten Schritt in die richtige Richtung haben Sie bereits unternommen, indem Sie dieses Buch lesen.

FORMEN DER ANGST

Für die Arbeit mit diesem Buch ist es hilfreich, wenn Sie grundlegend darüber Bescheid wissen, in welchen Formen Angst im Allgemeinen auftritt. Ich habe dazu im Folgenden die notwendigen Informationen in kurzer und verständlicher Form dargestellt:

Generalisierte Angststörung

Die sogenannte generalisierte Angststörung oder das generalisierte Angstsyndrom äußert sich in dauerhafter Angst, die die verschiedensten Bereiche des Lebens betrifft. Menschen mit dieser Art der Angststörung haben eine unangemessene Angst in und vor unterschiedlichen Alltagssituationen. Ihre Gedanken kreisen ständig darum, was alles passieren könnte und wie furchtbar es wäre, wenn es tatsächlich passieren sollte.

Typische Verhaltensweisen sind:

- Angst um Familienmitglieder, wenn diese nicht zu Hause sind
- Kontrollanrufe, um zu checken, ob es den Kindern, dem Ehepartner etc. noch gut geht
- Angst davor verlassen zu werden
- Angst davor zu verarmen
- Angst davor, mit dem Auto zu fahren
- Angst davor, im Job oder in der Schule zu versagen
- Angst davor, den Job zu verlieren
- Aufschrecken, wenn das Telefon nach 20:00 Uhr klingelt
- Ständig vermuten, „dass etwas passiert" sei, wenn sich jemand nicht pünktlich meldet
- Aufschrecken, wenn von Weitem die Sirene von Polizei oder Krankenwagen zu hören ist
- Über ein (vermeintliches) Problem endlos grübeln
- Nachts wach liegen und grübeln
- Die Symptome bei den Betroffenen können ganz unterschiedlich sein:

- Muskuläre Verspannungen (Nackenschmerzen, Rückenschmerzen)
- Ständige Anspannung
- Nervosität
- Schlafstörungen
- Kopfschmerzen
- Konzentrationsstörungen
- Unfähigkeit, abzuschalten und zu entspannen

Die Betroffenen leiden sehr unter ihren Ängsten. Nicht selten entwickelt sich zusätzlich eine Depression, was natürlich noch mehr Ängste und Befürchtungen hervorruft.

Für die Angehörigen ist es nicht immer einfach, mit den Ängsten des Betroffenen umzugehen. Sie fühlen sich oft kontrolliert und leiden ebenfalls unter der Anspannung und Nervosität des Betroffenen.

Panikattacken

Bei einer Panikattacke erlebt der Betroffene, in einem zeitlich begrenzten Rahmen, Zustände extremer Angst. Der Körper zeigt (ohne erkennbaren Auslöser) alle Symptome einer Alarmreaktion, wie sie durch eine äußerst bedrohliche Gefahr ausgelöst würde.

Der Körper reagiert mit der Ausschüttung von Adrenalin und Kortisol und wird so in eine (nicht benötigte) Alarmbereitschaft versetzt. Der Kreislauf wird aktiviert, der Puls erhöht sich und die Blutgefäße ziehen sich zusammen.

All diese Reaktionen machen Sinn, wenn es sich um eine echte Alarmsituation handeln würde, bei der z. B. für die Flucht alle Kräfte mobilisiert werden müssten. Da dies aber nicht der Fall ist, befindet sich der Körper sozusagen in „Aufruhr“, kann die aktivierten Energien aber nicht abbauen oder verbrauchen.

Der Betroffene erlebt so die körperlichen Symptome als Panik und Angst, da er keine wirkliche Ursache für die Reaktionen erkennen kann.

Für die Betroffenen kommt die Panik häufig aus „heiterem Himmel“. Besonders häufig sind Panikattacken in Situationen, aus denen der Betroffene nicht ohne weiter entfliehen kann.

Typische Symptome:

- Herzklopfen
- Herzstolpern
- Schwindel
- Gefühl von Unsicherheit
- Gefühl, in Ohnmacht zu fallen
- Zittern
- Erstickungsgefühle

- Mundtrockenheit
- Kribbeln oder Taubheitsgefühle der Haut
- Übelkeit, Bauchschmerzen
- Gefühl der Derealisation (man hat das Gefühl, dass die Umwelt unwirklich ist)
- Gefühl der Depersonalisierung (man hat das Gefühl nicht wirklich im Hier und Jetzt zu sein)

Welche oder wie viele dieser Symptome auftreten, ist von Patient zu Patient unterschiedlich.

Wegen der Art der Symptome einer Panikattacke nehmen viele Betroffene zunächst an, körperlich krank zu sein (z. B. an einer Herzerkrankung zu leiden).

Viele Betroffene erleben während einer Panikattacke echte Todesängste. Sie rechnen tatsächlich damit, zu sterben. Was die Panikattacken noch bedrohlicher erscheinen lässt, ist die Tatsache, dass sie überall und zu jeder Zeit auftreten können.

Mit jeder neuen Panikattacke steigt die Angst vor der nächsten Attacke. Es entwickelt sich eine *Angst vor der Angst.*

Vielen Betroffenen hilft bereits das Wissen, dass es sich bei den Attacken um Panikanfälle handelt, um die schlimmsten Ängste zu lindern. Das Wissen, dass Panikattacken zwar äußerst unangenehm, aber tatsächlich nicht lebensbedrohlich sind, trägt ebenfalls dazu bei, dass Betroffene die Panikzustände besser überstehen können.

Agoraphobie

Bei der sogenannten Agoraphobie (Agora = Platz) entwickelt der Betroffene Angst, wenn er sich in Räumen oder Situationen befindet, aus denen er nicht ohne Weiteres „fliehen“ kann. Das kann zum Beispiel in der U-Bahn, in einem Zug oder im Kaufhaus der Fall sein.

Häufig bereiten auch große Plätze Probleme. Die Betroffenen sind dann nicht in der Lage, einen solchen Platz zu überqueren.

Die Betroffenen meiden Menschenansammlungen und bekommen Angstgefühle, wenn sie sich weit von zu Hause entfernen. Auch Reisen ohne Begleitung sind oft angstbesetzt und werden von den Betroffenen oftmals gemieden.

Ein besonders Problem besteht darin, dass die Betroffenen eine Angstsituation oft dadurch beenden oder abkürzen können, indem sie die auslösende Situation (z. B. im Kaufhaus, in der Tiefgarage oder im Aufzug) fluchtartig verlassen. Dadurch verstärkt sich die Angst vor diesem speziellen Ort, sodass der Betroffene zukünftig vermeidet, ihn aufzusuchen.

Im Laufe der Zeit verringert sich so der Bewegungsradius, in dem sich die Betroffenen frei bewegen können. Im Extremfall kommt es dazu, dass sich die Betroffenen nicht mehr aus dem Haus wagen. Sogar selbstverständliche Wege wie der zur Arbeit oder zum Einkaufen in den nächsten Supermarkt können nicht mehr bewältigt werden.

Die Folge ist eine zunehmende soziale Isolation und Abhängigkeit von nahen Bezugspersonen, in deren Begleitung die Angst weniger ausgeprägt ist.

Aufgrund dieser belastenden Situation kommt es nicht selten zusätzlich zu einer Depression. Auch der Missbrauch von Alkohol oder Medikamenten kommt vor, da sich die Betroffenen mit diesen „Hilfsmitteln“ zumindest zeitweise angstfrei fühlen können.

Isolierte oder spezifische Phobien

Die sogenannte *isolierte Phobie* ist sicher die am weitesten verbreitete Form von Angst und, bis auf wenige Ausnahmen, auch die am wenigsten belastende.

Bei einer isolierten oder spezifischen Phobie (Phobos = Furcht oder Angst) treten Ängste auf, die sich nur auf bestimmte Objekte oder Situationen beziehen. Häufig treten diese Phobien zum Beispiel beim Kontakt mit bestimmten Tieren (z. B. Spinnen, Wespen oder Mäusen) auf. Andere spezifischen Phobien beziehen sich auf Situationen wie Flugreisen, Zahnarztbesuche, Dunkelheit, Schwimmen im Meer und weitere Situationen.

Viele Betroffene haben zum Beispiel auch Angst vor dem Autofahren oder dem Fahren mit öffentlichen Verkehrsmitteln. Typisch sind auch Ängste vor dem Fahren in einem Fahrstuhl, vor Brücken oder vor Tunneln. Auch die Angst vor dem Anblick von Blut oder die Angst vor Injektionen gehört zu dieser Form der Angst.

Herzphobie:

Eine besondere Form der isolierten Phobie bezeichnet man als „Herzphobie“. Bei der Herzphobie dreht sich alles um die Angst vor einer Herzerkrankung oder vor einem Herzinfarkt. Eine Herzphobie ist für die Betroffenen besonders belastend, weil mit ihr häufig existenzielle Todesängste einhergehen. Besonders problematisch: Diese Angst führt oft zu Symptomen (Herzklopfen, schneller Puls), die die Angst weiter verstärken. Ein Teufelskreis!

Eine Herzphobie ist oft nur schwer von einer Panikattacke zu unterscheiden. Nicht selten tritt beides gleichzeitig auf oder das eine ist die Folge des anderen.

Ungewöhnliche Phobien

Die Angst vor ganz spezifischen Dingen oder Situationen gibt es nicht nur in Bezug auf die genannten typischen Angst-Objekte wie zum Beispiel Spinnen oder Mäuse.

Es gibt nicht wenige Menschen, bei denen Angst und/oder Ekel bei ganz alltäglichen Gegenständen auftritt. So gibt es Tausende von Knopf-Phobikern, die - aus bisher nicht erforschten Gründen - Angst beim Anblick von Knöpfen empfinden. Andere haben panische Angst vor Watte, vor bestimmten Flüssigkeiten oder sogar vor Füßen! Was zunächst amüsant klingt, kann für die Betroffenen im Alltag sehr belastend sein. Es zeigt aber, dass isolierte Phobien individuell sehr unterschiedlich sein können. Ihre Entstehung hängt offenbar eng mit ganz individuellen Erfahrungen und Erlebnissen jedes Einzelnen zusammen.

In den meisten Fällen leiden die Betroffenen mit einer spezifischen Phobie weniger unter ihrer Angst als andere Angst-Betroffene. Häufig können sie die angstauslösenden Situationen vermeiden, ohne dass dies eine wesentliche Einschränkung für ihr alltägliches Leben darstellt. Einige Phobien, wie z. B. Flugangst, Höhenangst oder Angst vor Spinnen, sind so weit verbreitet, dass sie gesellschaftlich problemlos akzeptiert werden.

Bei anderen Betroffenen kann die Phobie aber auch ernsthafte Probleme verursachen. Dies ist vor allem dann der Fall, wenn aus den Ängsten Einschränkungen im alltäglichen Leben resultieren.

So ist es z. B. problematisch, wenn ein Zahnarztbesuch trotz Karies und Zahnschmerzen aus Angst nicht erfolgt. Das Gleiche trifft zu, wenn Behandlungen und Untersuchungen, bei denen eine Injektion notwendig wäre, nicht erfolgen oder ewig lange aufgeschoben werden. Auch eine Einengung der Bewegungsfreiheit, weil z. B. das Autofahren oder das Fahren mit der Straßenbahn nicht möglich ist, sind ernsthafte Einschränkungen, bei denen die Betroffenen Hilfe suchen sollten.

Wichtig:

Viele spezifische Phobien entstehen bereits in der Kindheit, oft hervorgerufen durch das Vorbild eines Elternteils (z. B. Angst vor Spinnen), oder durch ein traumatisches Erlebnis (z. B. Unfall mit dem Fahrrad, Biss eines Hundes, Feststecken im Fahrstuhl, Stich einer Wespe etc.).

Hier haben die Eltern eine besondere Verantwortung, dem Kind vorsichtig die Angst vor den angstauslösenden Objekten oder Situationen zu nehmen.

Wenn das Kind z. B. nicht mehr zur Schule oder zum Spielen gehen will, weil es Angst vor Hunden hat, sollten die Eltern eingreifen und ggf. auch professionelle Hilfe in Anspruch nehmen.

Posttraumatische Belastungsstörung

Eine akute Belastungsstörung tritt häufig direkt nach dem Erleben eines schweren Traumas auf.

Solche Traumata können z. B. sein:

- ein schwerer Verkehrsunfall
- der plötzliche Tod einer nahestehenden Person
- ein Feuer
- ein Flugzeugabsturz
- ein Überfall
- Umweltkatastrophen (Erdbeben, Sturmflut, Vulkanausbruch etc.)
- Sexueller Missbrauch/Vergewaltigung
- Entführung/Geiselnahme/Gefangenschaft

Besonders häufig wird von Personen berichtet, die eine solche Belastungsstörung im Krieg oder in kriegsähnlichen Situationen erleiden. Dies betrifft sowohl Soldaten als auch Kriegsberichterstatter, Helfer, Ärzte und natürlich auch die Zivilbevölkerung.

Symptome sind u. a.:

- intensive Furcht
- Hilflosigkeit
- Entsetzen
- Desorientiertheit
- Gefühl, nicht man selbst zu sein
- Wut

- Aggression
- Teilnahmslosigkeit
- Schwitzen
- Herzrasen
- Übelkeit
- Unfähigkeit, über das Erlebte zu sprechen

All diese Symptome und Verhaltensweisen sind innerhalb von Tagen oder Wochen nach einem traumatischen Erlebnis nicht ungewöhnlich. Bleiben die Symptome aber nach einem Monat oder länger bestehen, spricht man von einer posttraumatischen Belastungsstörung.

Diese kann sich neben den bereits genannten Symptomen vor allem auch in sogenannten Flashbacks und intensiven Albträumen äußern.

Als Flashback bezeichnet man eine Situation, in der der Betroffene das traumatische Erlebnis blitzartig noch einmal als äußerst angstbesetzte Situation erlebt. Flashbacks können zum Beispiel dadurch ausgelöst werden, dass der Betroffene durch einen äußeren Reiz (z. B. ein Geruch oder ein Geräusch) an die traumatisierende Situation erinnert wird.

Info

Posttraumatische Belastungsstörungen sind keine Folge von psychischer Labilität oder Veranlagung. Jeder Mensch, der eine traumatische Situation erlebt hat, kann darunter leiden.

Achtung

Eine posttraumatische Belastungsstörung sollte immer von einem Facharzt und/oder Psychologen behandelt werden.

HÄUFIGE BEFÜRCHTUNGEN UND FRAGEN

Fast alle Betroffene haben, vor allem zu Beginn ihrer Probleme, Befürchtungen, die die ohnehin schwer erträglichen Situationen noch verschlimmern können.

Die meisten dieser Befürchtungen sind jedoch völlig unnötig.

Im Folgenden finden Sie die Befürchtungen, die von den Betroffenen besonders häufig geäußert werden.

Habe ich eine schwere körperliche Krankheit?

Besonders die Symptome, die während einer Panikattacke auftreten, können die Befürchtung wecken, unter einer körperlichen Erkrankung zu leiden. Symptome wie Schwindel, Herzrasen, Herzstolpern etc. scheinen auf einen Herzanfall oder Ähnliches hinzuweisen.

Um diese Befürchtungen überwinden zu können, ist natürlich zunächst ein Check beim Arzt notwendig. Er kann Ihnen sagen, ob Sie körperlich gesund sind oder nicht.

In den meisten Fällen wird er keine körperliche Erkrankung finden können, und Sie sollten ihm glauben, wenn er diese Diagnose stellt. Wenn zum Beispiel ein EKG durchgeführt wird, haben Sie die Bescheinigung, <u>kein</u> Herzleiden zu haben, sogar schriftlich.

Info:

Häufig äußern Betroffene, dass sie die Befürchtung haben, einen Herzinfarkt zu erleiden. Anhand der folgenden Punkte können Sie leicht erkennen, dass dies bei einem Panikanfall nicht der Fall ist.

Bei einer Erkrankung des Herzens verstärken sich die Symptome in der Regel bei Belastung. Das heißt, umso mehr Sie sich anstrengen (z. B. beim Treppensteigen, Laufen oder Rad fahren), desto intensiver werden die Symptome. Dies ist bei einer Panikattacke nicht der Fall. Ganz im Gegenteil werden die Symptome oft durch körperliche Bewegung gelindert.

Symptome einer Panikattacke treten häufig gerade in Ruhephasen auf. Auch dies steht im direkten Gegensatz zu Symptomen, die durch ein Herzleiden ausgelöst werden.

Eine Erkrankung des Herzens lässt sich in der Regel leicht durch ein EKG oder ein Belastungs-EKG erkennen. Symptome einer Panikattacke erzeugen im Normalfall keine krankhaften Veränderungen des EKG.

Unabhängig von Symptomen haben viele Angsterkrankte auch andere Befürchtungen. So tritt häufig die Angst auf, einen Gehirntumor zu haben, oder an Krebs zu erkranken. Diese Befürchtungen sind in der Regel ein Symptom der Angststörung und tatsächlich unbegründet.

Wenn Sie meinen, tatsächliche Anzeichen einer schweren Erkrankung bei sich festzustellen, sprechen Sie mit Ihrem Arzt. Dieser wird eine Untersuchung veranlassen, wenn auch nur die geringste Wahrscheinlichkeit besteht, dass Sie tatsächlich körperlich krank sind.

Fazit:

Klären Sie befürchtete Erkrankungen mit Ihrem Arzt ab. Wenn Ihnen dieser versichert, dass Sie gesund sind, macht es in der Regel keinen Sinn, weitere Ärzte aufzusuchen, oder bestimmte Untersuchungen mehrfach durchführen zu lassen.

Bei Betroffenen, die von Arzt zu Arzt wandern („Arzt-Hopping"), führt die permanente Beschäftigung mit einer (theoretischen) Erkrankung erfahrungsgemäß nur dazu, dass sich Ängste verstärken.

Werde ich jetzt verrückt?

Sowohl die körperlichen Symptome als auch bestimmte Gedanken, die während einer Panikattacke oder während einer Angstphase auftreten, können den Betroffenen verwirren und belasten. Besonders, wenn diese völlig unerwartet auftreten, haben viele Betroffene dann die Befürchtung, dass sie nun unter einer Geisteskrankheit wie zum Beispiel Schizophrenie leiden könnten.

Sie können sicher sein, dass die Wahrscheinlichkeit, an einer schweren Geisteskrankheit zu erkranken sehr gering ist. Ein Zeichen für eine solche Erkrankung ist zum Beispiel, dass die Betroffenen in der Regel gerade nicht das Gefühl haben, geistig zu erkranken. Die Tatsache, dass Sie sich darüber Gedanken machen, ist also schon ein Zeichen dafür, dass Sie geistig gesund sind.

Geisteskrankheiten treten nur sehr selten auf und werden häufig innerhalb einer Familie weiter vererbt. Die Symptome einer Geisteskrankheit treten auch nicht plötzlich auf, wie z. B. bei einer Panikattacke.

Wenn Sie eine äußere Bestätigung für Ihre geistige Gesundheit brauchen, suchen Sie einen Arzt auf. Dieser kann Ihnen bestätigen, dass Sie nicht unter einer Geisteskrankheit leiden.

Hier trifft im Übrigen das gleiche zu, wie bei den körperlichen Symptomen. Betreiben Sie kein „Arzt-Hopping“. Wenn nötig, holen Sie noch eine zweite Meinung ein. Danach sind weitere Arztbesuche und Untersuchungen nicht mehr sinnvoll.

Gehen Sie davon aus, dass Sie geistig völlig gesund sind. Tausende andere Betroffene mit einer Angststörung haben schon die gleichen Befürchtungen gehabt. Sie ist in Ihrer Situation sozusagen „normal“.

Ich verliere die Kontrolle

Nicht wenige Betroffene haben, vor allem während einer Panik- oder Angstphase, die Befürchtung, die Kontrolle über ihr Handeln oder ihren Körper zu verlieren. Oft besteht die Angst darin, umzufallen, gelähmt zu sein oder ohnmächtig zu werden.

Machen Sie sich klar, dass nichts davon tatsächlich geschehen wird. Vielleicht hilft Ihnen der Gedanke, dass die Angst- oder Panikreaktion ja biologisch betrachtet den Sinn hat, das betroffene Lebewesen auf Flucht oder einen Kampf vorzubereiten. In beiden Fällen wäre eine Ohnmacht eine ziemlich paradoxe Reaktion. Eine Spezies, die bei Gefahr ohnmächtig wird, wäre wahrscheinlich schon vor langer Zeit ausgestorben! Sie können also sicher davon ausgehen, dass Ihr Körper während einer Panikattacke eine Ohnmacht gar nicht zulassen würde.

In einigen Fällen kommen auch Zwangsgedanken hinzu. Die Betroffenen befürchten dann, ungewollt etwas zu tun, was sie selbst extrem blamieren würde, oder sogar etwas, das andere verletzen könnte.

Typische Beispiele sind, die Befürchtung, in einer völlig unpassenden Situation lachen zu müssen (z. B. bei einer Beerdigung), oder ungewollt obszöne Bemerkungen zu machen. Es kommt auch vor, dass Betroffene die Befürchtung haben, jemanden körperlich zu verletzen. Zum Beispiel dann, wenn sie in der Küche gerade ein Messer in der Hand halten.

Sollten Sie ähnliche Befürchtungen haben, können Sie beruhigt davon ausgehen, dass nichts dergleichen wirklich geschehen wird. Die genannten Zwangsgedanken sind ein Symptom der Angststörung, unter dem viele Betroffene leiden, ohne jemals tatsächlich die Kontrolle über ihr Handeln zu verlieren.

Sicher haben Sie schon mehrmals oder sogar schon oft, solche Situationen erlebt. Wenn Sie sich zurückerinnern, werden Sie feststellen, dass Ihre Befürchtungen noch niemals eingetreten sind, oder?

Um ein wenig die Anspannung aus solchen Situationen zu nehmen, empfinden es manche Betroffene als hilfreich, sich klarzumachen, dass andere nichts von ihren Gedanken mitbekommen. Auch wenn Sie selbst das Gefühl haben, dass jeder sofort sieht, was in Ihnen vorgeht: Tatsächlich fällt es anderen in der Regel überhaupt nicht auf, dass mit Ihnen etwas nicht in

Ordnung ist. Sie müssen sich als keine Sorgen darüber machen, was andere von Ihnen denken.

Vielleicht haben Sie sich in einer oder mehreren der genannten Befürchtungen wiedererkannt. Die Tatsache, dass es vielen Betroffenen so ergeht, ist zwar nur ein geringer Trost. Sie zeigt Ihnen aber, dass Sie kein Ausnahmefall sind und dass Ihre Ängste und Befürchtungen in Ihrer Situation im Grunde völlig normal sind.

TIPPS UND HILFEN

Im Folgenden finden Sie eine Reihe hilfreicher Tipps und Ratschläge, die schon vielen Menschen mit Angstproblemen geholfen haben. Versuchen Sie nicht, alle Tipps auf einmal umzusetzen. Nehmen Sie sich Zeit und probieren Sie aus, was Ihnen am besten hilft. Setzen Sie sich nicht unter Druck, wenn Sie eine Idee oder einen Rat nicht sofort umsetzen können.

Ängste und Angststörungen sind für den Betroffenen oftmals sehr belastend und kräftezehrend. Gehen Sie also nachsichtig mit sich selbst um. Lassen Sie sich Zeit und versuchen nicht, etwas zu erzwingen.

Betrachten Sie die Ratschläge und Tipps als Angebote, die Sie annehmen können, wenn Sie sich dazu bereit fühlen. Richten Sie sich immer nach Ihrem Gefühl und Ihrer Leistungsfähigkeit. Sie sind die wichtigste Person in diesem Prozess, an dessen Ende ein guter Umgang mit Ihren Ängsten oder gar ein angstfreies Leben steht.

Behandeln Sie sich gut!

Bevor wir mit den praktischen Tipps und Übungen zur Überwindung der Angst beginnen, möchte ich mich ganz persönlich an Sie wenden.

Angst und Panik sind ernst zu nehmende Symptome von Überlastung und/oder belastenden Erlebnissen in der Vergangenheit. Angst ist nicht etwas, das man mit *„Zähne zusammenbeißen*“ oder anderen Durchhalteparolen in den Begriff bekommen könnte.

Lassen Sie sich von niemandem einreden, Ihre Angst sei ein Zeichen von psychischer oder mentaler Schwäche, das man einfach dadurch überwinden könnte, indem man sich „zusammenreißt“.

Lassen Sie es nicht zu, dass andere Sie mit solchen, gut gemeinten, Ratschlägen unter Druck setzen. Nehmen Sie sich die Zeit, die Sie benötigen, um Ihre Situation wieder zu verbessern.

Lassen Sie sich vor allem von niemandem einreden, dass Sie selbst Schuld an Ihrer Situation seien und es nun selbst schaffen müssten, wieder normal funktionieren zu können.

Natürlich ist Ihr Ziel, ein weitgehend angstfreies Leben. Den Weg dahin müssen Sie Schritt für Schritt gehen. Ein Teil des Wegs gehen Sie vielleicht mit einem Therapeuten, einen kleinen Teil vielleicht auch mit diesem Buch. Nehmen Sie sich in jeder Phase die Zeit, die Sie benötigen. Die Überwindung der Angst kann ein langer Prozess sein.

Gleich, was Sie tun, vergessen Sie nicht, dass SIE der wichtigste Mensch dabei sind. Tun Sie nur Dinge, die Ihnen gut tun. Vergessen Sie also negative Selbsteinschätzungen und Selbstvorwürfe. Schauen Sie nach vorn und behandeln Sie sich selbst mindestens so gut, wie Sie es auch mit ihrem besten Freund oder Ihrer besten Freundin tun würden.

Spüren Sie erlernte störende Verhaltensmuster auf

Genau wie negative Gedanken haben auch negative Verhaltensmuster die Eigenschaft, für viele Probleme zu sorgen. Genau wie die negativen Denkmuster bleiben auch die negativen Verhaltensmuster oft unentdeckt. In der Regel beginnen wir erst dann, uns damit zu beschäftigen, wenn wir spüren, dass etwas in unserem Leben falsch läuft, wenn wir unzufrieden, unglücklich oder ängstlich werden.

Negative oder störende Verhaltensmuster können im Laufe des Lebens entstehen:

Beispiele:

Ein Junge erhält immer dann besonders viel Zuneigung, wenn er Angst zeigt. Die Eltern trösten das Kind, wenn es abends in seinem Zimmer ängstlich ist. Das Ängstlichsein wird also belohnt. Als Erwachsener führt der Mann dieses Verhalten weiter. Er zeigt oft Angst, weil er unbewusst hofft, dadurch Liebe und Zuneigung zu erhalten.

Ein Mädchen kann ihre Wünsche oft damit durchsetzen, dass sie beginnt zu weinen. Dieses Verhalten eignet sie sich so sehr an, dass sie sich auch als erwachsene Frau so verhält. Natürlich führt es zu Problemen, wenn die Frau zum Beispiel bei einem Meeting die Tränen nicht unterdrücken kann, wenn sie bei einer Entscheidung überstimmt wird.

Ein Geschwisterpaar erlebt die eigenen Eltern als sehr passiv und ängstlich. Bei Problemen mit dem Vermieter, mit Nachbarn oder mit Lehrern geben die Eltern immer nach, oder wagen sich erst gar nicht, sich zu beschweren, selbst wenn sie im Recht sind. Als Erwachsene verhält sich die Tochter ganz ähnlich, weshalb sie oft ausgenutzt wird und im Job bei jeder Beförderung übersehen wird.

Ein Therapeut würde im Rahmen einer kognitiven Verhaltenstherapie versuchen, die ungünstigen Verhaltensmuster zu erkennen und sie durch passende Verhaltensmuster zu ersetzen.

Aber auch Sie selbst können daran arbeiten, ungünstige oder störende Verhaltensmuster aufzuspüren und diese durch zweckmäßigere zu ersetzen. Hilfreich können dabei Gespräche mit dem Partner, Familienmitgliedern und guten Freunden sein. Denn meist ist es wesentlich einfacher Verhaltensmuster bei anderen zu erkennen, als bei sich selbst.

Unterschätzen Sie aber nicht, wie viel Arbeit und Kraft dies von Ihnen erfordern kann. Denn nicht alles, was Sie zu hören bekommen, wird angenehm für Sie sein. Voraussetzung für einen Erfolg ist, dass Sie in der Lage sind, Kritik zu ertragen. Ja noch viel mehr müssen Sie bereit sein, Dinge infrage zu stellen, die Sie in Ihrem bisherigen Leben als völlig selbstverständlich betrachtet haben.

Ein anderer guter Ansatz zum Überdenken eigener Verhaltensmuster ist es, andere dabei zu beobachten, wie diese sich in bestimmten Situationen verhalten. Sicher kennen Sie Menschen, die besonders selbstsicher und mutig auftreten. Achten Sie darauf, wie sich diese Menschen in Situationen verhalten, in denen Sie selbst ängstlich sind. Versuchen Sie beim nächsten Mal einfach, das Verhalten zu kopieren. Sie werden feststellen, dass Ihr bisheriges Verhalten durchaus nicht das einzig denkbare ist.

Wenn Sie sich entscheiden, diesen schwierigen Weg zu gehen, sollten Sie darüber nachdenken, Unterstützung für Ihr Vorhaben zu suchen. Diese kann zum Beispiel in einem Therapeuten für kognitive Verhaltenstherapie, einem spezialisierten Coach oder auch einer Selbsthilfegruppe bestehen.

Durchschauen Sie Ihre Illusionen

In Phasen von Angst und Depression neigen wir dazu, unsere Umwelt durch eine graue Brille zu betrachten. Aufgaben erscheinen uns riesig und unser Gefühl, diese bewältigen zu können, schwindet in gleichem Maße. Andere Menschen erscheinen uns unfreundlich oder gleichgültig. Wir selbst betrachten uns als fehlerhaft, unattraktiv und wenig liebenswert.

Die Zukunft sehen wir in den trübsten Farben. Im Grunde ist die ganze Welt ein Trauertal und es gibt keine Hoffnung, dass sich das ändert.

Obwohl es an solchen Tagen oder in solchen Zeiten nur mit großer Anstrengung möglich ist, sollten Sie sich immer wieder klar machen, dass die Welt und das Leben nicht wirklich so trostlos sind. Es ist einfach Ihre eigene Stimmung, Ihre Gefühle und Gedanken, die sie so erscheinen lassen. Machen Sie sich deshalb keine Vorwürfe (es ist nicht Ihre Schuld!). Behalten Sie das Wissen darüber trotzdem immer im Hinterkopf, damit Sie wissen, dass sich Ihr Blick auf die Dinge auch wieder ändern wird.

Tipp:

Sollten solche Phasen, in denen Ihnen alles hoffnungslos und traurig erscheint, längere Zeit (länger als 1 - 2 Wochen) andauern, sollten Sie unbedingt einen Arzt aufsuchen. Es besteht das Risiko, dass Sie in eine Depression rutschen. Je früher Sie dem entgegensteuern, umso besser. Wenn Sie das Gefühl haben, dass Ihr Hausarzt Ihr Problem nicht versteht, zögern Sie nicht, einen Spezialisten (Psychiater) aufzusuchen. Nicht alle Allgemeinmediziner verfügen über die Erfahrung und das Einfühlungsvermögen, das für die Behandlung einer Depression oder Angsterkrankung notwendig ist.

Übrigens:

Die „schiefe" Sicht auf die Dinge überträgt sich auch auf die eigene Person.

Nicht wenige Menschen haben oft über Jahre ein völlig falsches Bild von sich selbst. Gedanken wie „Ich bin nicht attraktiv", „Ich leiste nicht genug", „Ich bin ein Versager" oder „Keiner mag mich" entstehen oft aus einer Einstellung heraus, die die eigenen Leistungen stets herabwürdigt und negative Eigenschaften unrealistisch hervorhebt.

Entwickeln Sie ein Frühwarnsystem für negative Gedanken

Wie Sie schon erfahren haben, formen unsere Einstellungen, Gedanken und Gefühle unsere Sicht auf die Welt, auf uns selbst und auf andere. Bei Menschen, die unter Depressionen oder Ängsten leiden, ist diese Sicht unrealistisch negativ geprägt.

Das Gute an diesem Mechanismus ist, dass er auch umgekehrt funktioniert. Wenn wir es schaffen, die eigenen negativen Gedanken durch realistische Gedanken zu ersetzen, erleben wir die Welt und uns selbst deutlich positiver. Wir fassen Mut und trauen uns wieder mehr zu.

Ein wichtiger Schritt dabei ist es, zu bemerken, wenn sich negative Gedanken und Überzeugungen in unser Denken einschleichen. Das ist beileibe keine einfache Sache. Meist haben sich die negativen Denkstrukturen bereits über viele Jahre fest etabliert.

Typische Inhalte negativer Gedanken:

- Ich kann ... nicht
- Ich schaffe das (vielleicht) nicht ...
- Das steht mir nicht zu ...
- Das verdiene ich nicht ...
- Immer mache ich alles falsch ...
- Ich kann einfach nicht ...
- Das liegt mir einfach nicht ...
- Das halte ich nicht aus ...
- Was soll ich machen, wenn ...
- Heute ist (einfach) nicht mein Tag ...
- Das konnte ich noch nie ...
- Ich habe keine Lust ...

Unterbrechen Sie negative Gedankenspiralen

Kennen Sie das auch? Es fängt ganz harmlos an, man beginnt damit, sich über irgendetwas Gedanken zu machen. Plötzlich beginnen sich die Gedanken zu verselbstständigen. Es beginnt eine negative Gedankenspirale, die meist damit endet, dass Sie sich schlecht, unglücklich, ängstlich oder alles zugleich fühlen.

Dieses Phänomen schildern viele Betroffene, ja sogar Menschen ohne jede Angststörung geraten manchmal in diesen Strudel von negativen Gedanken.

Glücklicherweise ist es möglich, die ungute Verkettung negativer Gedanken zu unterbrechen. Dabei ist es zunächst wichtig, überhaupt zu bemerken, wenn man in einen Zustand gerät, in dem sich das negative Denken verselbstständigt.

Das ist gar nicht so einfach, wie es auf den ersten Blick erscheint. Für viele von uns sind nämlich die negativen Gedanken schon so zur Gewohnheit geworden, dass wir es gar nicht bemerken, wenn sie sich in unser Denken schleichen.

Auch hier können Sie den Trick anwenden, mit sich selbst wie mit einem guten Freund oder einer guten Freundin zu sprechen. Überlegen Sie, was Sie einem Freund erwidern würden, der Ihnen die gleichen Grübeleien, Befürchtungen und Ängste schildern würde, die Ihnen durch den Kopf gehen.

Das kann sehr hilfreich sein, um die eigenen Gedanken ein wenig objektiver zu betrachten. Oft wird dabei schon klar, dass die eigene Einschätzung nicht zutreffend oder zumindest sehr einseitig ist.

Sprechen Sie auf eine liebevolle Art mit sich selbst, so wie Sie es auch mit einem guten Freund tun würden. Für viele Menschen ist dies durchaus nicht selbstverständlich. Vielmehr gehen wir häufig mit uns selbst viel härter ins Gericht, als wir das mit anderen tun würden. Auf diese Weise fühlen wir uns immer schlechter und setzen uns gleichzeitig noch selbst unter Druck, besser oder anders sein zu müssen.

Wenden Sie die Gedankenstopp-Methode an

Eine weitere erprobte Methode, um das unerwünschte Gedankenkarussell negativer Gedanken zu stoppen, ist die sogenannte Gedankenstopp-Methode. Die Methode wird erfolgreich bei sich häufig wiederholenden Angst- oder Zwangsgedanken eingesetzt.

Wenn Sie schon einmal eine kognitive Verhaltenstherapie gemacht haben, kennen Sie diese Methode wahrscheinlich. Sie wird in dieser Therapieform schon lange erfolgreich praktiziert.

Es geht bei dieser Methode darum, dass Sie selbst erkennen und bemerken, wenn sich bestimmte negative Gedanken in Ihr Denken schleichen. Sicher haben Sie selbst schon bemerkt, dass das ziemlich häufig passiert. Man denkt an nichts Böses und befindet sich plötzlich wieder in einer negativen Gedankenspirale, in der die immer gleichen Ängste und Befürchtungen kreisen.

Bei der Gedankenstopp-Methode lernen Sie zunächst, Ihre Gedanken so zu beobachten, dass Sie es sofort bemerken, wenn sich ein negativer Gedanke zeigt, der zu einer Gedankenspirale werden könnte.

In diesem Moment sagen Sie laut und deutlich „Stopp!" Manche Therapeuten empfehlen, zusätzlich mit der Hand auf den Tisch zu schlagen oder zusätzlich ein lautes Geräusch zu erzeugen.

Das „Stopp!", die Hand auf dem Tisch und das laute Geräusch haben folgende Wirkungen:

- \+ Der Gedankenstrom wird unterbrochen. Sie haben an dieser Stelle die Möglichkeit, Ihre Gedanken bewusst auf ein positiveres Objekt zu lenken.
- \+ Die negativen Gedanken werden durch den Schrecken „bestraft" und treten danach seltener und irgendwann u. U. gar nicht mehr auf.

Es ist wichtig, dass Sie verstehen, dass Sie sich nicht selbst bestrafen, sondern lediglich die unerwünschten Gedanken.

Üben Sie diese Methode eine Zeit lang zu Hause ein. So lange, bis Sie das Gefühl haben, die unerwünschten Gedanken kontrollieren und stoppen zu können.

Im zweiten Schritt ersetzen Sie das laut gesprochene „Stopp!“ durch ein lautloses „Stopp!“, das Sie nur gedanklich „sprechen“. Auf diese Weise können Sie die Gedankenstopp-Methode in Ihren Alltag integrieren. Ein laut ausgesprochenes „Stopp!“ würde wohl auch in den meisten Fällen zu verwunderten Blicken Ihrer Mitmenschen führen ;-)

Bitte überfordern Sie sich auch bei dieser Methode nicht. Es ist nichts Schlimmes, wenn sich die Angstgedanken immer wieder in das Denken einschleichen. Diese Gedanken hatten meist viele Jahre Zeit, sich zu entwickeln.
Sie können sie also in der Regel nicht von heute auf morgen loswerden.

Über einen längeren Zeitraum regelmäßig eingesetzt, kann Ihnen die Gedankenstopp-Methode aber dabei helfen, nach und nach immer seltener unbewusst in einen Strudel negativer Gedanken zu geraten.

Ersetzen Sie negative Gedanken durch realistische

Erwiesenermaßen ist es so, dass ängstliche oder auch depressive Menschen häufig unangemessen negative Gedanken haben. Sie schätzen Situationen und Ereignisse deutlich negativer ein, als andere Menschen. Es entsteht ein unrealistisches verzerrtes Bild der Wirklichkeit, in dem alles viel schlechter erscheint, als es ist.

Diese allzu negativen Gedanken führen natürlich nicht dazu, dass man sich besser oder entspannter fühlt. Ganz im Gegenteil verstärken die negativen Gedanken die Angst, die wiederum dazu führt, dass noch mehr negative Gedanken auftauchen. Ein Teufelskreis.

Ich werde Ihnen an dieser Stelle nicht raten, einfach alles positiv zu sehen, wie es vielen Ratgebern vorgeschlagen wird.

Ein solcher Rat geht meiner Meinung nach an der Realität vorbei. Zum einen sind viele Betroffene einfach gar nicht in der Lage, plötzlich alles positiv zu sehen (ansonsten bräuchten sie wahrscheinlich keinen Rat), zum anderen ist es auch nicht hilfreich, sich selbst zu belügen und sich die Realität „schön zu reden“.

Ziel muss es vielmehr sein, eine möglichst realistische Sicht auf die Dinge zu entwickeln, die nicht im Widerspruch zur Wirklichkeit steht.

Dies ist ein langer und oft langsamer Weg, denn die negativen Denkmuster haben sich meist über Jahre, oft schon seit der Kindheit, entwickelt und verselbstständigt. Doch auch hier gilt, dass Geduld und Ausdauer zum Ziel führen.

In der Behandlung von Angststörungen und auch Depressionen wird seit vielen Jahren ein Verfahren eingesetzt, das in folgenden Schritten abläuft:

1. Der Betroffene soll lernen, seine mehr oder weniger unbewussten Gedanken und Einstellungen zu erkennen. Es geht also darum, überhaupt zu bemerken, dass sich ein bestimmter Gedanke im Gehirn ausbreitet, oder dass eine bestimmte Meinung oder Einstellung dazu führt, dass man eine Situation als negativ oder gefährlich einschätzt.
2. Im zweiten Schritt lernt der Patient, seine Gedanken und Einstel-

lungen auf ihren Wahrheitsgehalt hin zu überprüfen.

3. Im folgenden Schritt soll der Patient seine als fehlerhaft erkannten Gedanken und Einstellungen durch positivere bzw. realistischere ersetzen.
4. Im letzten Schritt lernt der Patient aus seiner neu erworbenen Perspektive heraus, sein Verhalten auch im Alltag zum Positiven hin zu verändern. Er lernt zum Beispiel, dass es alternative Verhaltensweisen gibt, mit denen man auf tatsächliche oder vermeintliche Zurückweisung reagieren kann.

Beispiel:

Ein Patient nimmt an, dass ihn die Kollegen im Büro insgeheim nicht leiden können. Häufig kommt es zu Situationen, die eigentlich neutral sind, von dem Betroffenen aber negativ auf sich bezogen werden. Wenn ihn beispielsweise ein Kollege, der es eilig hat, nur kurz im Vorbeigehen grüßt, nimmt der Patient an, dass der andere ihn absichtlich meidet.

Im Rahmen einer kognitiven Verhaltenstherapie lernt der Patient nun, den Automatismus seiner Gedanken (jemand grüßt nicht, also kann er mich nicht leiden) zu überprüfen.

Er stellt fest, es kann auch sein, dass der andere ihn nur nicht gesehen hat, oder dass er es besonders eilig hat.

Das neu erlernte Verhalten kann zum Beispiel darin bestehen, den Kollegen am nächsten Tag freundlich zu begrüßen, statt nichts zu sagen, weil man davon überzeugt ist, der andere mag mich sowieso nicht.

Tipp:

Führen Sie Buch über automatisierte negative Gedanken, die Sie bei sich selbst feststellen. Dies ist der erste und wichtigste Schritt, um nicht von ihnen beherrscht zu werden.

Betrachten Sie die Angst nicht als Ihren Feind

Ich weiß, das erscheint auf den ersten Blick paradox. Schließlich ist die Angst doch das, was Sie unbedingt loswerden wollen. Das stimmt natürlich. Allerdings gehört Angst nicht zu den Dingen, die man in den Griff bekommt, indem man sie mit allen Mitteln bekämpft.

Ganz im Gegenteil: Je mehr man versucht, die Angst zu unterdrücken oder zu eliminieren, desto größer und wichtiger erscheint sie.

Besser: Betrachten Sie Ihre Angst als etwas, das Sie für eine gewisse Zeit Ihres Lebens begleiten wird. Machen Sie sich klar, dass die Angst Ihnen nichts Böses will. Tatsächlich ist sogar das Gegenteil der Fall. Ihre Seele und Ihr Körper teilen Ihnen durch die Angst mit, dass Sie gut auf sich aufpassen sollen.

Ganz gleich, ob Ihre Angst aus Überarbeitung, zu viel Stress oder aus einem traumatischen Erlebnis resultiert, sie ist im Grunde nur ein Warnsignal, das Ihnen sagen will: „Es ist genug. Pass gut auf dich auf!"

Ich vergleiche die Angst gerne mit einem jungen Hund, der seinen Besitzer verteidigen will, obwohl das gar nicht notwendig ist. So ein Hund kann ganz schön nervend sein. Ständig schlägt er Alarm, bellt oder versucht, andere Hunde und deren Besitzer in die Flucht zu schlagen. Das alles tut er, weil er meint, dass er dafür zuständig ist, seinen Besitzer vor allen Gefahren zu beschützen. Es ist dann eine nicht ganz einfache Aufgabe, dem Hund beizubringen, dass die permanente Alarmhaltung gar nicht notwendig ist und dass nicht er, sondern sein Besitzer entscheidet, was passiert.

Mit Ihrer Angst ist es ganz ähnlich. Sie hat im Grunde nichts Böses im Sinn. Sie müssen ihr allerdings klarmachen, dass <u>Sie</u> derjenige oder diejenige sind, der entscheidet, wann eine Gefahr besteht und wann nicht.

Vielen Betroffenen hilft es, in Gedanken mit Ihrer Angst zu sprechen. Hilfreich können folgende Sätze sein:

> *„Oh, da kommt meine Angst mal wieder. Das ist OK, sie kann mir nicht wirklich etwas anhaben."*

> *„Da ist sie wieder, meine Angst! Ich weiß aber, dass mir nichts pas-*

sieren kann.“

„Hallo Angst, ich weiß, dass du es gut meinst. Ich brauche dich jetzt aber nicht!“

„Aha, da kommt eine Panikattacke. Das kenne ich schon zur Genüge, es wird mir nichts passieren!“

Auch wenn sich das vielleicht am Anfang sehr ungewöhnlich anfühlt, wird es Ihnen helfen, besser mit Ihrer Angst umzugehen. Sie werden schon nach kurzer Zeit merken, dass die Angstanfälle weniger bedrohlich erscheinen. Wenn Sie das konsequent durchhalten, ist dies eine wichtige und erfolgreiche Methode, Ihrer Angst einiges an Schrecken zu nehmen.

Stellen Sie keine unrealistischen Ansprüche an sich selbst (und andere)

Unrealistische, übertriebene Ansprüche an sich selbst und andere sind ein guter Weg, sich unglücklich, unzufrieden und ängstlich zu machen.

Wer immer glaubt, er leiste zu wenig, sehe nicht gut aus und sei kein guter Gesprächspartner, hat natürlich Angst um seinen Job, den Partner zu verlieren oder von seinen Freunden verlassen zu werden.

Zusätzlich erzeugen übertriebene Ansprüche natürlich eine Menge unnötigen Stress bei sich selbst und bei anderen.

- Versuchen Sie also aus der Perfektionsfalle zu entkommen:
- Vergleichen Sie sich nicht mit anderen
- Nörgeln Sie nicht an Dingen herum, die nicht 100%ig sind
- Verschwenden Sie keine Zeit und Energie, um ein 95%iges gutes Ergebnis auf 100% zu bringen.
- Erwarten Sie keine Perfektion von Ihrer Familie
- Erwarten Sie keine Perfektion von Ihren Freunden
- Erwarten Sie keine Perfektion von Ihren Kollegen
- Erwarten Sie keine Perfektion von sich selbst
- Vergessen Sie Ihr schlechtes Gewissen

Tipp:

Suchen Sie nicht nach Ihren Defiziten, sondern nach Ihren Stärken! Bereits in der Schule lernen wir, uns ganz besonders auf die Fächer und Themen zu konzentrieren, in denen wir nicht gut sind. Als erwachsener Mensch müssen Sie aber nicht mehr ständig an der Optimierung der Talente und Fähigkeiten arbeiten, die Sie nicht so gut beherrschen.

Viel sinnvoller ist, dass Sie herausfinden, was Sie gut können und diese Fähigkeiten zu fördern und zu trainieren. Das ist effektiver, macht mehr Spaß und tut Ihnen einfach gut. Ganz im Gegenteil zu ständiger Selbstkritik und Selbstverbesserungswahn.

Sprechen Sie nicht mit jedem über Ihre Angst

Obwohl das Wissen der Bevölkerung über psychische Störungen und seelische Krankheiten heute schon deutlich größer ist, als es zum Beispiel noch vor 50 Jahren war, reagieren immer noch viele Menschen distanziert und ablehnend. Es ist also klug, genau zu überlegen, wen Sie in Ihre Probleme einweihen wollen und wen nicht.

Da es hierbei keine generelle Regel gibt, müssen Sie letztlich nach Ihrem Gefühl entscheiden, ob Ihre Sorgen bei einem Freund, Bekannten oder Kollegen gut aufgehoben sind.

Im Job ist besondere Vorsicht geboten. Vorgesetzte, die über die psychischen Probleme von Mitarbeitern informiert sind, neigen dazu, alle Probleme und eventuelle Fehler darauf zurückzuführen. Das auch dann, wenn die psychische Verfassung des Mitarbeiters gar nichts damit zu tun hatte.

Auch bei Kollegen sollten Sie zweimal überlegen, bevor Sie sich offenbaren. Manche von diesen sind nicht unbedingt verschwiegen. So weiß in kürzester Zeit oft die ganze Firma von Ihren Ängsten. Auch wenn sich das Arbeitsklima verschlechtert, oder man sich plötzlich in direkter Konkurrenz bei der Bewerbung um eine Position befindet, kann sich die Offenheit als Nachteil erweisen.

Stellen Sie sich folgende Fragen, bevor Sie eine Person einweihen:

- ✓ Ist derjenige vertrauenswürdig?
- ✓ Hat Ihnen derjenige schon einmal ein Geheimnis über eine andere Person verraten?
- ✓ Redet der Kollege manchmal schlecht über andere?
- ✓ Hat er sich schon einmal negativ über psychische Störungen oder Erkrankungen geäußert?
- ✓ Hat derjenige vielleicht selbst ein ähnliches Problem?
- ✓ Hat derjenige ein ähnliches Problem innerhalb der Familie?
- ✓ Konnten Sie sich in der Vergangenheit immer 100%ig auf ihn verlassen?

- ✓ Hat er Sie jemals bei Vorgesetzten „angeschwärzt“ oder „in die Pfanne gehauen“?
- ✓ Vertraut derjenige Ihnen auch Persönliches an?

Wenn Sie unsicher sind, schweigen Sie lieber. Verlassen Sie sich auf Ihr Gefühl!

Denken Sie daran, dass es zu Situationen (z. B. Kündigung, Beförderung, Bewerbung um einen Posten etc.) kommen kann, in denen Informationen über Ihre Angstproblematik gegen Sie verwendet werden könnten.

Tipp:

Interessanterweise bemerken Außenstehende oft gar nichts von den Angstproblemen eines Bekannten oder Kollegen. Meist sind es die Betroffenen selbst, die befürchten, dass man es ihnen sofort „anmerken“ würde. Sie sind also in der Regel nicht unter „Zugzwang“, sich Dritten gegenüber zu offenbaren.

Vertrauen Sie sich der richtigen Person an

Ganz gleich, ob Sie Kontakt zu einem Therapeuten haben oder nicht, sollten Sie in Ihrem engsten Umfeld mindestens eine Person haben, mit der Sie offen über Ihre Ängste und Befürchtungen sprechen können.

Dabei kann es sich um den eigenen Partner, Eltern (je nach Alter), Geschwister oder einen guten Freund handeln. Gesprächspartner, die nicht zur Familie gehören, haben den Vorteil, dass Sie gezwungen sind, den komfortablen und geschützten Raum der eigenen Familie zu verlassen.

Selbstverständlich muss es sich um eine Person handeln, der Sie absolut vertrauen. Besteht nur die geringste Befürchtung, dass das, was Sie sagen, nicht vertraulich behandelt wird, sollten Sie der entsprechenden Person keine privaten Dinge mitteilen.

Aber auch, wenn Sie eine Person gefunden haben, mit dem Sie offen über Ihre Ängste sprechen können, sollten Sie darauf vorbereitet sein, nicht sofort völlig verstanden zu werden.

Für jemanden, der die belastenden Gefühle einer Angststörung noch nicht selbst erlebt hat, ist es erfahrungsgemäß nicht leicht, sich in die Problematik hineinzudenken. Wie bei allen psychischen Phänomenen versuchen Menschen, denen Sie von Ihren Problemen berichten, diese in ihrer eigenen Gefühlswelt einzuordnen. Es kann also passieren, dass Sie von einer Paniksituation berichten und Ihr Gesprächspartner meint, das Gefühl zu kennen, obwohl er tatsächlich noch nie eine so intensive Angst verspürt hat.

Seien Sie deshalb nicht enttäuscht oder frustriert, wenn Ihre Vertrauensperson nicht sofort versteht, was Sie erleben. Der Grund dafür ist nicht etwa Desinteresse, sondern einfach nur die Unfähigkeit, mit Ihnen mitzufühlen, aus mangelnder eigener Erfahrung.

Viele Betroffene suchen deshalb den Austausch mit anderen Betroffenen, weil sie sich von diesen wirklich verstanden fühlen. Daran ist auch gar nichts Schlechtes. Ganz im Gegenteil kann das Treffen von anderen Menschen mit einer Angststörung, zum Beispiel in einer Selbsthilfegruppe sehr hilfreich sein.

Das Gleiche gilt für den Austausch mit anderen Betroffenen im Internet.

Es gibt eine ganze Reihe von Internetforen, in denen sich Menschen mit Angststörungen austauschen.

Ich möchte Ihnen dazu allerdings eine kleine Warnung mit auf den Weg geben: In Selbsthilfegruppen und noch häufiger in den entsprechenden Internetforen gibt es die Gefahr, von anderen mit „heruntergezogen“ zu werden. Sie finden dort vielleicht Menschen, für die alles hoffnungslos erscheint und die ihre negativen Befürchtungen in epischer Breite schildern.

Dazu kommt, dass sich in den Internetforen naturgemäß überproportional häufig die Betroffenen aufhalten, die bei der Bewältigung ihrer Angststörung noch nicht weit fortgeschritten sind. Oder solche, die meinen, dabei gescheitert zu sein.

Das ist nur logisch, denn die meisten derjenigen, die ihre Angst bereits bewältigt haben, werden sich über kurz oder lang nicht mehr in den entsprechenden Foren aufhalten. Das Gleiche trifft auch auf viele Selbsthilfegruppe zu.

Sie müssen also wissen, dass Sie sowohl in Internetforen, als auch in manchen Selbsthilfegruppen möglicherweise einer unrealistisch negativen Sicht der Dinge begegnen werden. Das ist aber gerade für ängstliche Menschen eher ungünstig. Spätestens, wenn Sie merken, dass Sie sich nach dem Austausch mit den entsprechenden Teilnehmern schlechter fühlen als zuvor, sollten Sie den Besuch solcher Foren oder Gruppen überdenken.

Im Übrigen gibt es durchaus auch Selbsthilfegruppen, bei denen sich nicht ausschließlich alles um das Thema Angst dreht. Wenn Sie eine Selbsthilfegruppe finden, bei der es (auch) darum geht, unter Menschen zu kommen und einfach Spaß zu haben, sind Sie genau richtig! Denn auch das Thema Angst lässt sich leichter ertragen und bewältigen, wenn man es zumindest von Zeit zu Zeit auch einmal nicht allzu ernst nimmt.

Machen Sie den Realitäts-Check

Unser Verstand funktioniert manchmal auf eine seltsame Art und Weise. So fällt es ihm scheinbar besonders leicht, uns tatsächliche oder auch nur vermutete Probleme und Befürchtungen in den schillerndsten Farben auszumalen.

Das funktioniert umso besser, je weniger Widerspruch der Verstand erhält. Das ist auch der Grund, warum das ängstliche Grübeln immer dann besonders gut funktioniert, wenn wir alleine sind. In solchen Situationen, zum Beispiel in der Nacht, arbeitet der Verstand besonders kreativ und kann immer neue Schreckensszenarien entwickeln.

Ein Mittel dagegen ist der Austausch mit Personen, denen Sie vertrauen. Das kann der eigene Partner, ein Freund, ein Familienmitglied oder auch ein Arzt oder Therapeut sein. Schildern Sie dieser Person Ihre Ängste und Befürchtungen und bitten Sie um eine möglichst objektive Einschätzung.

Solch ein Gespräch kann oftmals Ängste und Befürchtungen verringern, indem diese unter einem realistischeren Blickwinkel betrachtet werden. Hinzu kommt, dass ein Außenstehender in vielen Fällen auch Lösungsvorschläge und Ideen liefern kann, die Sie selbst nicht sehen oder sehen können.

In jedem Fall ist es hilfreich, einer Vertrauensperson die Sorgen zu schildern, die Sie quälen. Sie gewinnen dabei immer einen Verbündeten, der Sie auf Ihrem Weg aus der Angst unterstützen wird.

Tipp:

Auch hierbei gilt: Nicht übertreiben!

Halten Sie bei Gesprächen über Ihre Angst ein vernünftiges Maß ein. Es ist nicht hilfreich, die immer gleichen Gespräche endlos zu wiederholen. Zum einen führt die andauernde Beschäftigung mit der Angst dazu, dass diese noch mehr Aufmerksamkeit bekommt. Zum anderen ist es selbst für den besten Freund oder Lebenspartner nicht leicht, jeden Tag das gleiche Gespräch zu führen. Machen Sie stattdessen Notizen und verabreden ein oder zweimal pro Monat ein solches Gespräch, in dem Sie Ihre Ängste besprechen können.

Versuchen Sie auch, häufiger zu anderen Gesprächsthemen zu wechseln. Das lenkt Sie von der Angst ab, und Ihrem Gesprächspartner machen die Unterhaltungen dann viel mehr Spaß.

Seien Sie nicht abergläubisch

Sorgenmachen ist eine beliebte Beschäftigung vieler Menschen. Versucht man, die Gefahr, dass das Befürchtete tatsächlich eintritt, zu relativieren oder als äußerst unwahrscheinlich zu entlarven, erweisen sich die Sorgen häufig als erstaunlich hartnäckig. Oft bilden sich unbewusst Denkmuster, die auf einer Art Aberglauben basieren.

Beispiel:

Eine Mutter macht sich ständig Sorgen darüber, dass Ihrer Tochter etwas zustoßen könnte, wenn diese abends ausgeht. Wenn die Tochter das Haus verlässt, verbringt die Mutter den Abend im Wohnzimmer neben dem Telefon. Sie kann sich auf nichts konzentrieren, weil Ihr ständig Bilder durch den Kopf gehen, in denen sie vor ihrem geistigen Auge sieht, was Ihrer Tochter unterwegs alles zustoßen könnte.

Die Situation spitzt sich so zu, dass die Mutter auf Anraten Ihres Ehemanns einen Therapeuten aufsucht. Während der Therapie stellt sich heraus, dass die Mutter unbewusst folgendes Denkschema entwickelt hat:

1. Meine Tochter geht abends aus.
2. Ich mache mir Sorgen und warte darauf, dass sie nach Hause kommt.
3. Meiner Tochter ist noch nie etwas passiert.
4. Ich muss mir weiter Sorgen machen, damit ihr auch in Zukunft nichts passiert.

Die Mutter leitet aus der Tatsache, dass der Tochter noch nie etwas zugestoßen ist, eine völlig falsche Schlussfolgerung ab.

Tatsächlich ist die Tochter bisher immer gesund und munter nach Hause gekommen, weil sie sich vernünftig verhält, mit zuverlässigen Freunden unterwegs ist und nie Alkohol trinkt, wenn sie mit dem Auto fährt.

Statt daraus den (vernünftigen) Schluss zu ziehen, dass sie sich *weniger* Sorgen machen muss, macht sich die Mutter immer *mehr* Sorgen. Sie nimmt unbewusst an, dass das Sorgenmachen der Grund dafür ist, dass es ihrer Tochter gut geht.

Ähnliche Denkmuster finden sich bei vielen ängstlichen Menschen. Die Tatsache, dass in der Vergangenheit immer alles gut gegangen ist, führt bei ihnen dazu, dass sie sich *mehr* anstatt *weniger* Sorgen machen.

Versuchen Sie, solche unlogische Denkweisen in Ihrem eigenen Denken aufzudecken. Versuchen Sie es dann mal eine Zeit lang ohne Sorgen. Sie werden feststellen, dass das Sorgenmachen in den meisten Fällen völlig überflüssig ist. Tun Sie alles, was Sie vernünftigerweise leisten können, um ein Problem oder eine Gefahr lösen bzw. abwehren zu können. Was darüber hinaus geht, entzieht sich Ihrem Einfluss. Ganz gleich, ob Sie sich Sorgen machen, oder nicht.

Stellen Sie sich der Angst

Dieser Tipp ist wohl derjenige in dieser Liste, der für bestimmte Angststörungen (wie zum Beispiel Panikattacken) die sichersten Erfolgschancen bietet, der am gleichzeitig auch der am schwierigsten durchzuführende ist.

Desensibilisieren, also das unempfindlich machen gegen bestimmte Reize, ist ein äußerst wichtiger Teil bei der Behandlung von Angststörungen. Wenn Sie mit Ihren Ängsten einen Gesprächstherapeuten aufsuchen, ist die Wahrscheinlichkeit sehr groß, dass er versuchen wird, Sie mit dieser Methode zu behandeln.

Das Prinzip ist ganz einfach: Die Angst soll verlernt werden, indem sich die ängstliche Person immer wieder in die Situationen begibt, in denen die Angstprobleme auftreten.

Dabei beginnt man meist mit einer Situation, die relativ einfach auszuhalten ist, und steigert die Intensität dann so lange, bis der Betroffene in der Situation keine Angst mehr verspürt.

Manche Therapeuten gehen sogar noch darüber hinaus und empfehlen Ihren Patienten, extreme Situationen durchzustehen. Zum Beispiel mit erhobenen Armen durch eine Fußgängerzone zu laufen und dabei zu singen oder ähnliche „peinliche“ Dinge zu tun.

So weit müssen Sie nicht gehen. Die heilenden Effekte einer Desensibilisierung erreichen Sie auch mit weniger drastischen Methoden.

Tipp:

Die Desensibilisierung wird häufig auch als „Systematische Desensibilisierung“ oder als „Konfrontationstherapie“ bezeichnet.

Generell gibt es zwei Vorgehensweisen. Bei der Ersten wird die angstauslösende Situation in kleinen Schritten gesteigert. Bei der anderen wird der Patient sofort mit starken Angstauslösern konfrontiert (Flooding). Besprechen Sie mit Ihrem Arzt, ob die Art der Therapie für Sie infrage kommt und auf welche Weise Sie dabei vorgehen sollen.

Ein positiver Aspekt der Konfrontationstherapie ist, dass Sie selbst jederzeit trainieren können, ohne immer auf einen Therapeuten angewiesen zu sein. Besprechen Sie das Vorgehen mit einer Person, die Sie (zumindest anfangs) begleiten kann, wenn Sie sich in eine angstauslösende Situation (z. B. Einkaufen im Supermarkt) begeben. Dafür bietet sich zum Beispiel der Ehepartner o. ä. an.

Im Laufe der Zeit wird Ihre Angst dabei stetig abnehmen, sodass Sie die Situationen zur Konfrontation mit Ihren Ängsten auch allein aufsuchen und aushalten können.

Seien Sie selbst Ihr bester Freund

Oft ist es hilfreich, die eigene Situation einmal aus einer ganz anderen Perspektive zu sehen. Nicht selten erscheinen dann die scheinbar übermächtigen Probleme und Hindernisse gar nicht mehr so unüberwindbar.

Ein zweiter Aspekt ist die Tatsache, dass manche Menschen sich selbst immer viel strenger beurteilen, als sie es bei jemand anderem tun würden. Vielleicht gehören Sie auch zu diesen Menschen, die von sich selbst immer vollen Einsatz verlangen und sich selbst immer besonders streng beurteilen. Das Ergebnis ist dann ein geringes Selbstwertgefühl, weil es im Grunde fast unmöglich ist, den idealen Vorstellungen zu entsprechen, die diese Menschen als Maßstab an sich selbst anlegen.

Beiden Aspekten können Sie begegnen, indem Sie einen Trick anwenden. Der Trick besteht aus einem kleinen Rollenspiel. Sie spielen dabei die Rolle desjenigen, der eines Tages von einem guten Freund um Rat gefragt wird.

Der Freund schildert Ihnen seine Probleme, die vor allem darin bestehen, dass er häufig unter Angst und Panik leidet. Mittlerweile quälen ihn seine Ängste so sehr, dass er befürchtet, kein normales Leben mehr führen zu können.

Wie es der Zufall so will, schildert Ihr Freund Ihnen genau die Ängste, Befürchtungen und Symptome, unter denen Sie selbst auch leiden.

Machen Sie nun folgendes:

1. Unterteilen Sie ein Blatt Papier senkrecht in der Mitte mit einem Strich
2. Schreiben Sie auf die linke Seite die Ängste und Befürchtungen, die Ihr Freund Ihnen schildert.
3. Schreiben Sie auf die rechte Seite jeweils die Antworten und den Trost, den Sie Ihrem Freund zu jedem einzelnen Punkt in der Liste geben würden.

Ziel dieser Übung ist es, dass Sie Ihre eigenen Ängste und Befürchtungen einmal aus einem anderen Blickwinkel sehen können. Auf diese Weise können Sie es schaffen, Ihre eigenen Befürchtungen und Ängste ein wenig objektiver zu betrachten.

Dies führt dazu, dass die grübelnden Katastrophengedanken zumindest zeitweise in den Hintergrund treten und scheinbar unlösbare Probleme lösbar erscheinen. Umso häufiger Sie versuchen, Ihre Ängste und Befürchtungen durch die Augen eines anderen Menschen zu sehen, umso leichter wird es Ihnen fallen, sich aus den negativen Gedankenspiralen zu lösen.

Nicht vergessen: Gehen Sie gut und liebevoll mit sich um! Behandeln Sie sich selbst nicht schlechter als einen guten Freund.

Bleiben Sie in Bewegung

Bewegung und Sport gehören zu den Maßnahmen gegen Angst, die von fast allen Betroffenen als besonders wirksam beschrieben werden. Auch Ärzte und Therapeuten empfehlen Bewegung als probates Mittel gegen Angst und Panik.

Dabei spielt es zunächst keine große Rolle, ob Sie Wandern, Fahrrad fahren, Walken, Joggen oder eine andere Sportart für sich auswählen. Wichtiger ist, dass es Ihnen Spaß macht, sodass es Ihnen leicht fällt, diese sportliche Betätigung auch regelmäßig (z. B. drei Mal pro Woche) zu betrieben.

Generell sind alle Ausdauersportarten gut geeignet, denn es geht hierbei nicht, kurzzeitige sportliche Maximalleistungen, sondern um eine moderate Belastung über einen längeren Zeitraum.

Wichtig: Wenn Sie längere Zeit keinen Sport betrieben haben, nicht völlig gesund sind, oder das 30. Lebensjahr überschritten haben, sollten Sie sich beim Arzt „durchchecken“ lassen, bevor Sie beginnen, Sport zu treiben.

Beispiele für günstige Ausdauersportarten:

+ Fahrrad fahren
+ Schwimmen
+ Wandern
+ Joggen/Laufen
+ Walking
+ Nordic Walking
+ Inlineskating
+ Tanzen.

Entdecken Sie Spiritualität in Ihrem Leben

Gleich, wie Sie es nennen wollen, Meditation, Gebet oder Affirmationen. All diese spirituellen Praktiken können dabei helfen, den Geist zu beruhigen und den Körper in einen entspannten Zustand zu versetzen.

Spiritualität ist nicht etwa nur für esoterisch veranlagte Menschen wichtig. Auch viele ganz rational denkende Menschen können davon profitieren, sich mit Fragen zu auseinanderzusetzen, die sich mit der Bedeutung und dem Sinn unseres Lebens beschäftigen.

Da an dieser Stelle der Platz nicht ausreicht, um diese Praktiken ausführlich zu beschreiben, finden Sie im Folgenden eine Liste. Zu den einzelnen Praktiken finden Sie im Internet und auf dem Buchmarkt eine Vielzahl an weiteren Informationen.

Meditationstechniken:

- Stille-Ruhe-Meditation
- Achtsamkeits- oder Einsichtsmeditation
- Konzentrationsmeditation
- Transzendentale Meditation
- Aktive Meditation
- Zen-Meditation
- Tantra - Meditation
- Geh-Meditation

Körper und Geist:

- Yoga
- Qi Gong

- Tai Chi

Tipp:

Im Bereich von Esoterik und Spiritualität gibt es leider nicht nur solche Angebote, die Ihr Bestes im Sinn haben. Vielmehr finden Sie hier auch unseriöse Anbieter. Vermeiden Sie Angebote, die Sie verpflichten wollen, Verträge mit teuren Monatsbeiträgen abzuschließen, oder solche, bei denen Sie für viel Geld Bücher, CDs, DVDs und so weiter erwerben sollen.

Seien Sie ebenfalls vorsichtig, bei allen Angeboten, die Ihnen versprechen, Ihre Probleme über Nacht und/oder ohne wirkliche Eigenleistung lösen zu können. Genauso wenig, wie man im Schlaf abnehmen kann, überwindet man auch Angstprobleme nicht durch Nichtstun.

Überwinden Sie Ihre Angst durch Achtsamkeit

Der Begriff Achtsamkeit ist in aller Munde und das zu Recht! Achtsamkeit hat viele positive Effekte. Das Üben und Praktizieren von Achtsamkeit hilft erwiesenermaßen dabei, Stress zu reduzieren und psychische Probleme wie Angst oder Depression zu überwinden.

Der 1944 in New York geborene Biologe, Jon Kabat-Zinn hat als Erster die Achtsamkeitsmeditation als Behandlungsmethode entwickelt, um Menschen zu helfen, besser mit Stress, Angst und Erkrankungen umzugehen.

Ähnlich wie bei der Behandlung von Depressionen wird das Erlernen der Achtsamkeit auch als Teil der Behandlung von Angststörungen eingesetzt. Auch hier geht es darum, die eigenen Gedanken und Ängste unvoreingenommen von außen zu beobachten und zu registrieren.

Dadurch wird es dem Betroffenen möglich, zwischen sich selbst auf der einen und den angstbesetzten Gedanken und Gefühlen auf der anderen Seite zu unterscheiden. Dies ermöglicht ihm, sich leichter von seinen Angstgefühlen und Angstgedanken zu distanzieren und diese so zu überwinden.

Wichtig dabei ist, dass die unangenehmen angstvollen Gedanken und Gefühle nicht einfach vermieden oder unterdrückt werden. Die Patienten werden angeleitet, angstvolle Situationen und Angstattacken zu erleben, ohne vor ihnen zu fliehen oder sie zu unterdrücken. Stattdessen sollen sie ihre Gedanken und Gefühle einfach nur beobachten und benennen.

Tipp:

Das Erlernen und Durchführen von Achtsamkeit ist keine einfache Angelegenheit. Das trifft insbesondere für Menschen zu, die mit einer besonderen Belastung (wie zum Beispiel mit einer Angststörung) leben.

Gerade in diesen Fällen ist es wichtig, eine gute Anleitung durch einen erfahrenen Trainer zu erhalten. Achtsamkeitstraining wird mittlerweile auch von Ärzten, Kliniken und Psychologen angeboten. Es macht auf jeden Fall Sinn, ein solches Angebot zu nutzen, wenn man Achtsamkeit gezielt zur Behandlung von Ängsten einsetzen möchte.

Achtsamkeit erfordert viel Übung und Routine, um auch in angespannten Situationen zu funktionieren. Dazu ist es notwendig, die Übungen regelmäßig über einen längeren Zeitraum durchzuführen. In der Regel dauert es mehrere Wochen oder gar Monate, bis man die Übungen so weit verinnerlicht hat, dass positive Effekte spürbar sind.

Info:

Achtsamkeit ist im eigentlichen Sinne keine anerkannte Therapie oder Heilmethode. Praktizierte Achtsamkeit führt allerdings dazu, dass sich die Symptome vieler Krankheiten deutlich verbessern. Besonders hilfreich ist das Achtsamkeitstraining dabei, die belastenden Begleiterscheinungen vieler Erkrankungen wie Stress, Depressionen oder Angst zu lindern.

Atmen Sie richtig

Pro Tag atmet ein Mensch durchschnittlich 15.000 Mal ein und wieder aus.

Falsches Atmen spielt bei Angstzuständen eine doppelte Rolle. Es kann sowohl Auslöser als auch Symptom einer Angstphase sein. Es ist wichtig, dies genau zu verstehen, weil Sie sonst leicht in einen Teufelskreis von Angst und falschem Atmen geraten können. Das falsche Atmen löst dabei immer wieder Angstgefühle aus, die wiederum die Atmung beeinflussen, die wieder Angst auslöst ... und so weiter.

Im Allgemeinen kann man beobachten, dass Menschen in Angstsituationen meist eine flache Atmung haben. Das heißt, der Atem strömt vor allem in den Brustkorb.

Flache Atmung führt häufig zu einer Erhöhung von Puls und Blutdruck. Gleichzeitig werden Stresshormone ausgeschüttet. All diese Symptome werden von den meisten Menschen in Angstsituationen zusätzlich als bedrohlich empfunden.

Zum Glück funktioniert dieser Prozess auch in der entgegengesetzten Richtung. Durch ruhiges und tiefes Atmen wird der Körper automatisch in einen Zustand von Entspannung versetzt.

Dabei entstehen folgende Effekte:

+ Der Blutdruck sinkt.
+ Die Pulsfrequenz sinkt.
+ Schwindel nimmt ab.
+ Kurzatmigkeit wird normalisiert.

ANLEITUNG ATMEN:

Die Regeln sind ganz einfach:

1. Nehmen Sie eine möglichst aufrechte Körperhaltung ein, damit der Atem frei fließen kann.

2. Achten Sie darauf, dass Sie ihre Schultern nicht hochziehen, denn das behindert das tiefe Atmen.
3. Atmen Sie durch die Nase ein und aus
4. Atmen Sie in den Bauch und nicht in die Brust. Beim Einatmen sollte sich Ihre Bauchdecke heben und beim Ausatmen wieder senken.
5. Atmen Sie langsamer aus als ein. Zählen Sie beim Einatmen 1 - 2 und beim Ausatmen 1 - 2 - 3 - 4

Das funktioniert übrigens nicht nur in Angstsituationen. Setzen Sie dieses Mittel immer dann ein, wenn Sie bemerken, dass Sie angespannt und/oder gestresst sind.

Tipp:

Es gibt viele weitere Atemtechniken. Lassen Sie sich davon nicht verwirren. Wählen Sie eine Atemtechnik, die Sie jederzeit, ohne groß nachzudenken, einsetzen können. Atemtechniken, die kompliziert und nur mit großer Konzentration durchführbar sind, helfen Ihnen im Ernstfall nicht. Wählen Sie stattdessen eine möglichst einfache Atemtechnik aus, die Sie auch in Stress-Situationen leicht abrufen können.

Erlernen Sie eine Entspannungstechnik

Schon lange sind die Zusammenhänge zwischen Anspannung und Angst bekannt. So stellte der amerikanische Psychologe Edmund Jacobson bereits in den 20er Jahren des letzten Jahrhunderts fest, dass sich die Entspannung der Muskulatur direkt auf die Stärke von Angst auswirkt.

Er stellte fest, dass ängstliche Menschen eine hohe Muskulaturspannung hatten und dass die Angstgefühle verschwanden, wenn die Muskelspannung verringert wurde. Deshalb sind prinzipiell alle Entspannungsverfahren, die eine Entspannung der Muskulatur bewirken, für Angst-Betroffene gut geeignet.

Bevor im Folgenden verschiedene Wege zu mehr Entspannung aufgezeigt werden, will ich einige Sätze vorwegschicken, die für ein erfolgreiches Entspannungstraining von grundlegender Bedeutung sind.

Entspannungstraining muss trainiert werden

Wie das Wort „Entspannungstraining“ schon sagt, ist der Weg zur Entspannung tatsächlich ein Training, das durchaus mit dem eines Sportlers vergleichbar ist. Weil viele Entspannungswillige dies nicht wissen, brechen sie ihre Bemühungen nicht selten schon nach wenigen Tagen oder Wochen ab.

Wer glaubt, anhaltende und tiefe Entspannung könne man durch das einmalige Anhören einer „Entspannungs-CD“ oder durch 5 oder 10-maliges autogenes Training erreichen, der ist auf dem Holzweg.

Wie jedes Training setzt auch das Entspannungstraining neben einer guten Anleitung vor allem Disziplin und Durchhaltevermögen voraus. Viele Entspannungstechniken sind nicht von heute auf morgen zu erlernen und alle setzen ein regelmäßiges Training (mindestens 1 – 2-mal pro Tag) über einen Zeitraum von wenigstens 6 Wochen voraus, bevor die ersten spürbaren Ergebnisse zu erwarten sind.

Wichtig:

Der menschliche Verstand ist so strukturiert, dass er nur sehr ungern Gewohntes aufgibt und ebenso ungern neue Verhaltensweisen annimmt.

Deshalb ist das Trainieren einer Entspannungsmethode für einen gestressten Menschen durchaus mit dem Training zu vergleichen, das ein stark übergewichtiger Mensch absolvieren muss, um seinen Körper in Form zu bringen.

In beiden Fällen wollen Körper und Verstand nicht auf Gewohntes verzichten und machen es dem Trainierenden mit Absicht besonders schwer.

Genau, wie der Übergewichtige oft einen Heißhunger auf ungesunde Nahrung verspürt, will der Verstand des gestressten Menschen am liebsten alles so weiter machen wie bisher.

Diesen Widerstand können Sie ganz leicht auch bei sich selbst feststellen. Versuchen Sie doch mal nur einen Tag lang nicht zwei Dinge gleichzeitig zu tun.

Hier nur einige Beispiele:

- Beim Frühstück nur essen. Keine Zeitung, kein Radio, keine Gespräche
- Bei der Fahrt zur Arbeit: kein Radio, kein Handy
- In der Frühstückspause: keine Zeitung, kein Handy, kein iPad, kein Radio, kein Fernsehen, kein Computer, kein Internet

Sie merken sofort, dass Ihnen viele Argumente einfallen, warum das eine oder andere ja gar nicht wirklich stressig ist, oder warum Sie auf das ein oder andere auf keinen Fall verzichten können.

Der menschliche Verstand ist sehr kreativ, wenn es darum geht, zu rechtfertigen, das Gewohnte für immer weiter fortzuführen.

Für uns bedeutet dies: Das Training wird eine harte Zeit und Erfolge haben nur die, die den „inneren Schweinehund“ bezwingen und das Training auch dann fortführen, wenn es anscheinend tausend gute Argumente gibt, „nur heute“ einmal nicht zu trainieren.

Bei täglichem Training sind mehrere Wochen, bis mehrere Monate als minimale Trainingsdauer zu betrachten, nach der Sie auch wirkliche Veränderungen und Verbesserungen spüren.

Und auch danach muss das Entspannungstraining genau wie das Zähneputzen dauerhaft zu einem festen Bestandteil des täglichen Lebens werden. Wer heute seine „Übungen“ ausfallen lässt, weil die Zeit gerade so knapp ist oder wer seine Übungen auf das Wochenende verschiebt, weil er vermeintlich „keine Zeit“ dazu hat, der ist auf dem falschen Weg. Erfolge sind so nicht zu erwarten.

Es ist also wichtig, folgende Grundsätze beim Erlernen und Durchführen von Entspannungsübungen zu beachten:

1. Für den Anfang sollte eine leicht zu erlernende Entspannungstechnik gewählt werden (zum Beispiel die Progressive Relaxation)
2. Eine ausführliche Anleitung durch einen Therapeuten oder zumindest mit Hilfe von guten Büchern, CDs oder Videos sollte dem Training vorausgehen.
3. Das Training muss über einen längeren Zeitraum „durchgehalten“ werden und täglich (möglichst zur gleichen Zeit) durchgeführt werden.
4. Im Normalfall sind Erfolge erst nach längerem regelmäßigen Training zu erwarten. Also, auf keinen Fall aufgeben, wenn Sie nach zwei Wochen noch keine direkte Wirkung spüren.

Im Folgenden werden überblickartig zwei Formen des Entspannungstrainings vorgestellt, die ich deshalb ausgewählt habe, weil beide Formen relativ leicht zu erlernen und mit wenig Aufwand auch im Alltag durchführbar sind.

Dies sind meines Erachtens zwei äußerst wichtige Faktoren, da von ihnen ursächlich abhängt, ob ein Entspannungstraining auch tatsächlich durchgehalten wird.

Bei den beiden vorgestellten Techniken handelt es sich um die sogenannte „Progressive Relaxation“ und das recht bekannte „Autogene Training“. Beide Verfahren haben ihre Vorteile, wobei ich persönlich für den Einstieg die Progressive Relaxation empfehle, da sie noch leichter und unproblematischer zu erlernen und durchzuführen ist als das Autogene Training.

Die Progressive Relaxation (PR)

Die PR ist ein Entspannungsverfahren, das bereits in den 20 er Jahren des letzten Jahrhunderts von dem amerikanischen Psychologen Edmund Jacobson entwickelt wurde. Jacobson beobachtete bei seinen Patienten mit Angstsymptomen, eine permanente Anspannung der Muskulatur. Umgekehrt stellte er fest, dass Personen ohne Angstgefühle eine vergleichsweise niedrige Muskelspannung aufwiesen. In vielen berühmt gewordenen Versuchen konnte er nachweisen, dass Angst und Anspannung und Muskelspannung so eng miteinander verknüpft sind, dass auch eine Umkehrung von Ursache und Wirkung in diesem Fall funktionierte. Wurden nämlich den Angstpatienten muskelentspannende Medikamente verabreicht, so sank deren Angst und Anspannung in gleichem Maße wie die Muskelspannung im Körper.

Also schloss Jacobson, dass über eine gezielte Muskelentspannung eine Verringerung von Angst, innerer Anspannung und Stress erreicht werden kann. In der Folge entwickelte er das Verfahren der Progressiven Relaxation, dessen Ziel es ist, einem Menschen durch bewusstes Anspannen und Entspannen bestimmter Muskelgruppen die Fähigkeit zu vermitteln, selbst zu einer niedrigen Grundspannung seiner Muskulatur beizutragen.

Anleitung zur Progressiven Relaxation

Wie bereits erwähnt, ist die progressive Relaxation oder die „progressive Muskelentspannung“ ein Entspannungstraining, das vergleichsweise leicht zu erlernen und auch recht einfach durchzuführen ist.

Es besteht vor allem darin, dass nacheinander verschiedene Muskeln und Muskelgruppen des Körpers für eine bestimmte Zeit angespannt und dann wieder ganz bewusst entspannt werden.

Wichtig ist dabei, dass sowohl der Prozess der Anspannung als auch der der Entspannung genau beobachtet und möglichst bewusst erlebt werden.

Es erweist sich als hilfreich, beim Entspannen gleichzeitig den Atem ausströmen zu lassen.

Die Übungen können sowohl im Sitzen als auch im Liegen durchgeführt werden. Das Sitzen hat dabei den Vorteil, dass Sie – wenn Sie die Übungen gut trainiert haben – diese problemloser auch unterwegs oder im Büro durchführen können, da Sie dann lediglich einen Stuhl und etwas Ruhe benötigen.

Für den Erfolg des Trainings spielt es aber keine Rolle, ob Sie im Liegen oder im Sitzen trainieren.

Wichtig ist, dass Sie sich in dem Stuhl oder auf der Unterlage, auf der Sie die Übungen durchführen, wohlfühlen und auch nach 20 Minuten oder länger noch bequem sitzen oder liegen.

Ebenso sollte der Raum, in dem Sie die Übungen durchführen, nicht zu kalt sein. Wie gesagt, Sie müssen sich einfach wohlfühlen.

Viele Menschen empfinden es als angenehm, wenn ihnen die Formeln der progressiven Muskelentspannung „vorgesprochen" werden. Das heißt, sie starten eine CD-, Kassetten- oder MP3-Aufnahme, auf der der Therapeut die entsprechenden Anweisungen gibt.

Solche Aufnahmen gibt es heute in großer Anzahl zum Beispiel im Buchhandel und im Internet.

Allerdings ist die Qualität der Aufnahmen sehr unterschiedlich. Achten Sie vor allem darauf, dass die Stimme des Therapeuten oder der Therapeutin so angenehm ist, dass man sie auch nach dem zwanzigsten oder hundertsten Male Anhören noch als entspannend empfindet.

Wenn Sie keine Aufnahme kaufen wollen, können Sie die Formeln auch selbst aufnehmen. Eine entsprechende Funktion hat heute jeder PC und fast jedes Handy. Dies hat zudem den Vorteil, dass Sie Inhalt und Struktur des Trainings genau so gestalten können, wie es für Sie optimal ist.

Als Grundlage für eine solche Aufnahme können die im Folgenden vorgestellten Formeln dienen.

Die Übungen der Progressiven Muskelentspannung:

1. Trainingsteil: Entspannung der Arme und Hände

- Setzen oder legen Sie sich bequem hin.

- Entspannen Sie sich so gut, wie es in diesem Augenblick möglich ist.

Rechte Hand:

ANSPANNUNG:

- Ballen Sie Ihre rechte Hand zur Faust. Spannen Sie sie so fest an, dass Sie die Spannung deutlich spüren.

- 10 Sekunden HALTEN:

- Wie fühlt sich Ihre Hand in der Anspannung an? Wie sehr ist auch Ihr Arm angespannt?

ENTSPANNUNG:

- Machen Sie die Hand jetzt wieder vollkommen locker. Lassen Sie die Hand und alle Muskeln des Arms ganz locker werden.

- Wie fühlen sich Hand und Arm jetzt an? Nehmen Sie den Unterschied zwischen der vorhergehenden Anspannung und der momentanen Entspannung ganz bewusst wahr.

Linke Hand:

Wiederholen Sie den Ablauf genau so für die linke Hand.

Beide Hände:

Spannen Sie beide Hände an. 10 Sekunden halten und dann beide Hände wieder entspannen.

Bizeps:

ANSPANNUNG:

- Winkeln Sie nun beide Arme zur Schulter hin an. Spannen Sie dabei bei beiden Armen den Bizeps an, so als wollten Sie jemanden alle Muskeln Ihrer Oberarme präsentieren.

- Lassen Sie dabei Ihre Hände ganz entspannt!

- 10 Sekunden HALTEN
- Machen Sie sich das Gefühl der Anspannung bewusst. Richten Sie Ihre Aufmerksamkeit auf die angespannten Muskeln.

ENTSPANNUNG:

- Lassen Sie jetzt die ganze Spannung aus den Oberarmen wieder los. Atmen Sie aus, während Sie die Spannung loslassen.
- Spüren Sie, den Unterschied zur vorhergehenden Anspannung.

Hintere Armmuskulatur:

ANSPANNUNG:

- Spannen Sie jetzt die Muskeln Ihrer hinteren Armmuskulatur fest an, indem Sie Ihre Unterarme mit den Handflächen nach oben ausstrecken und feste auf die Unterlage drücken.
- 10 Sekunden HALTEN
- Machen Sie sich auch hier den Zustand der Anspannung ganz bewusst.

ENTSPANNUNG

- Atmen Sie aus, lassen Sie die Arme ganz locker werden und wieder eine ganz entspannte Position zurück gleiten.
- Fühlen Sie die Entspannung möglichst intensiv.

2. Trainingsteil: Entspannung des Gesichtes:

Stirn:

ANSPANNUNG:

- Spannen Sie Ihre Stirn an, indem Sie die Stirn runzeln. Achten Sie darauf, dass die Spannung nicht so groß wird, dass sie Ihnen Schmerzen bereitet.

- 10 Sekunden HALTEN
- Die Anspannung spüren ...

ENTSPANNEN

Lassen Sie Ihre Stirn jetzt wieder ganz entspannt und glatt werden. Spüren Sie, wie angenehm sich die Entspannung auch über die Stirn hinaus auf Ihren Kopf und den restlichen Körper ausbreitet.

Augen:

ANSPANNUNG:

- Kneifen Sie die Augen fest zusammen. Achten Sie darauf, dass keine Verkrampfungen oder Schmerzen dabei auftreten.
- 10 Sekunden HALTEN
- Spüren Sie die Anspannung ...

ENTSPANNUNG

Lassen Sie die Augen wieder ganz locker. Lassen Sie die Muskulatur ganz weich werden. Genießen Sie die Entspannung.

Kiefer:

ANSPANNUNG:

- Pressen Sie die Zähne fest aufeinander und halten Sie diese Position. Achten Sie auf die Spannungen im Kieferbereich. Lassen Sie nach, sobald Sie Schmerzen oder Verspannungen spüren.
- HALTEN: 10 Sekunden

ENTSPANNUNG

Lassen Sie Ihren Kiefer ganz locker werden. Lösen Sie sämtliche Spannungen. Der Kieferbereich ist ganz locker und entspannt.

Lippen:

ANSPANNUNG:

- Richten Sie Ihre Aufmerksamkeit auf Ihre Lippen. Pressen Sie die Lippen fest aufeinander.
- HALTEN: 10 Sekunden die Spannung halten

ENTSPANNUNG:

Lassen Sie Ihre Lippen jetzt wieder ganz locker. Die Lippen lösen sich voneinander und sind ganz entspannt. Nehmen Sie das Gefühl der Entspannung ganz bewusst wahr.

3. Trainingsteil: Entspannung von Nacken und Schultern

Nacken und Schultern sind bei vielen gestressten Menschen zum Teil extrem von Verspannungen betroffen. Diese können Rückenschmerzen, Nackenschmerzen und oft auch Spannungs-Kopfschmerzen verursachen.

Für Menschen, die z. B. unter Kopfschmerzen oder Tinnitus leiden, ist es interessant zu wissen, dass Probleme im Nacken oder auch Kiefer-Bereich in einigen Fällen für die Probleme verantwortlich sein können oder diese unnötig verstärken.

Nacken:

ANSPANNUNG:

- Drücken Sie Ihren Kopf nach hinten gegen die Unterlage oder die Rückenlehne Ihres Sessels. Pressen Sie so stark, bis Sie einen deutlichen Widerstand spüren. Vermeiden Sie in jedem Fall den Kopf zu weit nach hinten abzuwinkeln.
- Wenn Sie keine Unterlage oder Rückenlehne haben, können Sie den Kopf auch mit beiden Händen von hinten umfassen und dann

dagegen drücken.

- Vermeiden Sie zu starken Druck. Es dürfen keine Verspannungen oder Schmerzen auftreten.

HALTEN: Halten Sie diese Position für ca. 10 Sekunden. Achten Sie genau auf die Spannung im Nacken.

ENTSPANNEN:

Lassen Sie Ihren Kopf wieder in eine ganz entspannte Position zurück gleiten und lösen Sie alle Spannungen.

WEITERFÜHRUNG:

Wiederholen Sie die Kopfübung, indem Sie während der Anspannung den Kopf für einige Sekunden nach links und nach rechts drehen.

Beobachten Sie, wie sich das Gefühl der Anspannung verändert, während Sie den Kopf drehen.

ENTSPANNUNG:

Zum Schluss, Kopf und Nacken in eine ganz entspannte Position bringen und alle Muskeln bewusst entspannen. Spüren Sie, wie sich die Entspannung in Ihrem Körper ausbreitet.

Schultern:

Auch die Schultern sind bei vielen Menschen eine Quelle von Verspannungen und Schmerzen. Darum sollten sie die folgende Übung auch ruhig zwischendurch am Schreibtisch oder abends vor dem Fernsehgerät durchführen.

ANSPANNUNG:

- Ziehen Sie die Schultern so hoch wie Sie können Richtung Ohren.

- Beobachten Sie wie sich diese Anspannung anfühlt.

HALTEN: Bleiben Sie ca. 10 Sekunden in dieser Position.

ENTSPANNUNG:

Lassen Sie die Schultern langsam nach unten sacken. Atmen Sie gleichzeitig aus, indem Sie den Atem einfach ausströmen lassen.

4. Trainingsteil: Entspannung von Rücken, Brust und Bauch:

Rücken:

ANSPANNUNG:

- Ziehen Sie die Schulterblätter so weit wie möglich zurück und zusammen.
- Spüren Sie die Spannung in Ihrer Rückenmuskulatur.

HALTEN: Bleiben Sie für etwa 10 Sekunden in dieser Position.

ENTSPANNUNG:

Lassen Sie Ihre Schulterblätter in eine entspannte Position zurückgleiten. Spüren Sie die Entspannung Ihrer gesamten Rückenmuskulatur.

Brust und Bauch

ANSPANNUNG:

- Atmen Sie so tief wie möglich durch die Nase ein. Achten Sie dabei darauf, dass Sie nicht nur in den Brustraum, sondern auch in den Bauch hinein atmen. Wenn Sie vollständig eingeatmet haben. Bleiben Sie in dieser Position.

HALTEN: Halten Sie den Atem für ca. 10 Sekunden an. Halten Sie dabei Brust und Bauchraum gespannt.

ENTSPANNUNG:

Atmen Sie wieder aus, indem Sie die Luft aus Ihrer Lunge ausströmen lassen. Spüren Sie, wie sich dabei Ihre Brust und Ihr Oberbauch entspannen.

Genießen Sie die Entspannung und lassen Sie sie sich im ganzen Körper ausbreiten.

Bauch 1:

ANSPANNUNG:

- Spannen Sie Ihren Bauch an, indem Sie den Bauch fest nach außen wölben.

HALTEN: Bleiben Sie so für ca. 10 Sekunden.

ENTSPANNUNG:

Lassen Sie den Bauch zurücksinken. Spüren Sie die Entspannung im Bauch und im ganzen Körper.

Bauch 2:

ANSPANNUNG:

- Spannen Sie Ihren Bauch an, indem Sie den Bauch fest nach innen einziehen.

HALTEN: Bleiben Sie für ca. 10 Sekunden in dieser Position. Richten Sie Ihre volle Aufmerksamkeit auf die Spannung im Bauchbereich.

ENTSPANNUNG:

Lassen Sie den Bauch in seine Ausgangsposition zurückgleiten. Lassen Sie alle Muskeln im Bauchbereich los.

Spüren Sie die angenehme Entspannung.

5. Trainingsteil: Entspannung von Beinen und Füßen

Oberschenkel und Gesäß

ANSPANNUNG:

- Spannen Sie Ihre Oberschenkel und Ihr Gesäß an. Versuchen Sie die Muskulatur in den Unterschenkeln und in den Füßen gleichzeitig locker zu lassen.

HALTEN: Halten Sie die Muskeln von Oberschenkeln und Gesäß für ca. 10 Sekunden angespannt.

ENTSPANNUNG:

Lassen Sie die Muskeln in Oberschenkeln und im Gesäß ganz los, ganz locker. Richten Sie Ihre Aufmerksamkeit auf die angenehme Entspannung.

Unterschenkel und Füße

ANSPANNUNG:

- Spannen Sie Ihre Unterschenkel an und ziehen Sie gleichzeitig Ihre Fußspitzen nach oben, Richtung Knie. Achten Sie darauf, dass keine Verkrampfungen dabei auftreten.

HALTEN: Halten Sie die Spannung in den Unterschenkeln und in den Füßen für ca. 10 Sekunden aufrecht. Spüren Sie die Spannung.

ENTSPANNUNG:

Lassen Sie jetzt die gesamte Spannung in Unterschenkeln und Füßen wieder los. Spüren Sie die Entspannung.

ABSCHLUSS:

Gönnen Sie sich nach Abschluss der Übungen jeweils noch ein paar Minuten Ruhe, in denen Sie der immer tiefer werdenden Entspannung in Ihrem Körper bewusst werden. Sie können noch einmal alle Stationen der Entspannung mental nachvollziehen, indem Sie Ihre Aufmerksamkeit noch einmal der Reihe nach zu den betroffenen Körperregionen schicken und die dort herrschende Entspannung fühlen und genießen.

Kurzformen der Progressiven Muskelentspannung

Wie gesagt, benötigt die progressive Muskelentspannung trotz der relativ leichten Erlernbarkeit besonders zu Beginn ein regelmäßiges Training.

Dabei sollten insbesondere in den ersten drei Monaten die Übungen täglich und auch in voller Länge durchgeführt werden.

Später kann es ausreichen, kürzere Varianten der Übungen durchzuführen. Dies kann auch im Hinblick darauf sinnvoll sein, dass Sie so lernen, die entspannenden Effekte auch in oder kurz vor besonders stressigen Situationen zu nutzen.

Aber auch, wenn Sie Kurzformen der progressiven Muskelentspannung beherrschen, sollten Sie regelmäßig (mindestens einmal pro Woche) die vollständigen Übungen durchführen.

Autogenes Training

Das Autogene Training ist eine Entspannungsmethode, die mit Hilfe von sogenannten Autosuggestionen (Erklärung: weiter unten) arbeitet. Es wurde bereits in den zwanziger Jahren des 20. Jahrhunderts von dem Berliner Psychiater, Johannes Heinrich Schulz, entwickelt.

Die Ursprünge des Autogenen Trainings liegen in der Hypnose. Das Autogene Training ist nicht zuletzt selbst auch ein Verfahren der Selbsthypnose.

Das AT (Autogene Training) stellt neben der Progressiven Muskelentspannung (PM) das am häufigsten und erfolgreichsten eingesetzte Verfahren zur Entspannung von Körper und Seele dar. Kein anderes Entspannungsverfahren wird häufiger zur Selbstentspannung aber auch zur Behandlung typischer Stresserkrankungen eingesetzt.

In Österreich ist das AT eine von den Krankenkassen anerkannte Methode der Psychotherapie. In Deutschland übernehmen die Kassen häufig die Kosten, wenn das AT zum Beispiel in einem Kurs unter Leitung eines Arztes erlernt wird.

Ziel ist es letztlich, ähnlich wie bei der Progressiven Relaxation die angenehmen, entspannenden und Stress mindernden Zustände auch außerhalb der Übungen im Alltag zu erreichen. So erreichen viele Übende nach längerer Zeit die Fähigkeit, durch Kurzformeln wie „Arme und Beine ganz schwer“ oder „Herzschlag ruhig und gleichmäßig“ die Effekte zu erzielen, die beim Üben meist erst nach etlichen Minuten auftreten. Sie werden durch das Autogene Training also in die Lage versetzt, sich in Stresssituationen blitzschnell zu entspannen und so Stress und Angst einen Teil ihrer unangenehmen Folgen zu nehmen.

Ein weiteres wichtiges Element des Autogenen Trainings sind formelhafte Autosuggestionen, deren Ziel es ist, erwünschte Verhaltensweisen hervorzubringen oder unerwünschte auf Dauer zu eliminieren.

Solche Autosuggestionen können zum Beispiel angewandt werden, um das Rauchen aufzugeben („Zigaretten werden immer unwichtiger“), Ängste abzubauen („Prüfung gelingt mir leicht und locker“). Aus diesem Grunde ist das AT auch für Angst-Betroffene sehr interessant. Durch Autosuggestionen wie „In der Straßenbahn bin ich ruhig und entspannt“, oder „Panikattacke geht schnell vorbei“ werden in vielen Fällen achtbare Erfolge erzielt.

Der große Vorteil des AT besteht darin, dass es, nach einer kurzen Einführung, jeder selbst und zu jeder Zeit problemlos durchführen kann. Das AT ist damit ein Entspannungsverfahren, das keinen Cent kostet und keine negativen Nebenwirkungen hat.

Vorteile des Autogenen Trainings:

- \+ Kann leicht erlernt werden
- \+ Kann auch von Anfängern selbstständig durchgeführt werden
- \+ Kostet nichts
- \+ Kann jederzeit und überall durchgeführt werden
- \+ Kann im Liegen, im Sitzen und sogar im Stehen durchgeführt werden
- \+ Ist nachgewiesenermaßen äußerst wirksam

Wie kann man das Autogene Training erlernen?

Das AT ist ausdrücklich als Selbstbehandlungsmethode angelegt. Das heißt, man kann es theoretisch auch ohne jede äußere Anleitung erlernen. In der Praxis hat es sich aber als nützlich und sinnvoll erwiesen, die ersten Schritte unter Anleitung eines Trainers oder Arztes zu erlernen.

Entsprechende Kurse werden in jeder Volkshochschule und auch von vielen Krankenkassen und Ärzten angeboten. Wer keine Gelegenheit hat, an einem solchen Kurs teilzunehmen, kann das AT auch mithilfe von Büchern oder Tonaufnahmen in Form von CDs oder MP3-Dateien erlernen. Entsprechende Anleitungen gibt es im Handel. Audio-Anleitungen können auch im Internet, oftmals kostenlos, heruntergeladen werden. Geben Sie dazu einfach in der Suchmaske einer Suchmaschine wie zum Beispiel Google die Begriffe „Autogenes Training“, „Audio“, „Anleitung“ und „kostenlos“ ein. Sie werden so eine Vielzahl von Quellen für das legale Herunterladen von Audioanleitungen finden.

Wenn Sie sich zutrauen, über einen längeren Zeitraum das AT konsequent, das heißt täglich mindestens einmal, durchzuführen, sollten Sie dieser

Entspannungstechnik eine Chance geben, da sie neben einer Verringerung der Angst in jedem Fall eine Verringerung der inneren Anspannung und damit eine Verbesserung des Allgemeinbefindens mit sich bringt.

Auf welchen Grundlagen basiert das Autogene Training?

Das AT basiert auf der Beobachtung, dass jeder Mensch in der Lage ist, allein durch seine Vorstellungskraft einen Zustand von Entspannung willentlich herbeizuführen. Für die AT - Basisübungen spielt dabei vor allem die Fähigkeit eine Rolle, die Durchblutung und die Spannung der Muskulatur durch reine Willenskraft zu beeinflussen.

Psychologen und Ärzte hatten schon früh herausgefunden, dass zwischen psychischer Anspannung und der Spannung der Muskulatur ein direkter Zusammenhang besteht. Die Muskulatur von Menschen, die angespannt sind oder auch Angst haben, steht unter messbar erhöhter Spannung. Umgekehrt sinkt die Muskelspannung automatisch, wenn eine seelische Entspannung eintritt, oder die Angst nachlässt.

Interessanterweise funktioniert das nicht nur in eine Richtung. Das heißt, es tritt nicht nur eine Entspannung der Muskeln ein, wenn der Mensch psychisch entspannt ist. Vielmehr gilt auch der umgekehrte Fall: Wenn sich die Muskulatur entspannt, sinkt auch die psychische Spannung.

Man kann also allein durch die Entspannung der Muskulatur bewirken, dass sich auch der Geist entspannt. Bestimmte Medikamente machen sich dieses Phänomen zunutze, indem sie gezielt die Muskulatur des Menschen entspannen, um so zum Beispiel Ängste zu reduzieren.

Das AT nutzt ebenfalls diese Zusammenhänge. Deshalb besteht ein wesentlicher Teil der Basisübungen darin, die Muskulatur zu entspannen.

Ein ähnlicher Zusammenhang wie zwischen psychischer und muskulärer Anspannung besteht auch zwischen der Spannung der äußeren Blutgefäße (z. B. die der Haut) und innerer Anspannung. Das AT nutzt diesen Zusammenhang dazu, gezielt die Blutgefäße zu weiten, um dem Gehirn das Signal zur mentalen Entspannung zu senden.

Bei den Basisübungen stehen deshalb diese zwei Übungen im Vordergrund:

Schwereübungen

Bei diesen Übungen wird durch Autosuggestion gezielt die Muskulatur in Armen, Beinen und im Rumpf entspannt.

Wärmeübungen

Bei diesen Übungen wird durch Autosuggestion gezielt die Durchblutung in Armen, Beinen und im Rumpf angeregt.

Was bedeutet Autosuggestion und wie funktioniert sie?

Autosuggestion bedeutet soviel wie Selbstbeeinflussung. Ähnlich wie die Selbsthypnose funktioniert Autosuggestion dadurch, dass der Übende sein Unterbewusstsein dazu bringt, an etwas Bestimmtes zu glauben. In der Praxis sieht das so aus, dass das Unterbewusstsein durch häufig wiederholte formelhafte Gedanken und Vorstellungen davon überzeugt wird, dass ein gewünschter Zustand bereits eingetreten ist. Dies kann durch möglichst intensive bildhafte Vorstellung dessen, was erwünscht ist, noch bekräftigt werden.

Beim AT benutzt man für die Autosuggestionen einen Trick. Da es nur schwer möglich ist, die erwünschte Entspannung der Muskulatur oder die Weitung der Blutgefäße in Worte zu fassen oder sich bildhaft vorzustellen, beschreitet man einen kleinen Umweg.

Statt entspannter Muskeln stellt sich der Übende vor, dass sein Körper schwer und schwerer wird. Da das Schweregefühl direkt mit einer Entspannung der Muskulatur korrespondiert, wird das Ziel so auf indirektem Wege erreicht.

Das Gleiche gilt für die Weitung der Blutgefäße. Hier stellt sich der Übende vor, dass seine Arme, Beine und schließlich sein ganzer Körper warm und wärmer werden. Das Gefühl der Wärme hängt wiederum direkt mit einer besseren Durchblutung und einer Weitung der Blutgefäße zusammen.

Ausgeführt werden die Autosuggestionen mithilfe von formelhaften Sätzen, die immer wieder wiederholt werden.

Mit folgenden Suggestionen wird zum Beispiel das Schweregefühl in Armen und Beinen hervorgerufen:

„Mein rechter Arm ist ganz schwer."

„Mein linker Arm ist ganz schwer."

„Mein rechtes Bein ist ganz schwer."

und so weiter.

Das heißt, die betroffene Person stellt sich intensiv vor, dass der Zustand (z. B. Schwere der Arme) tatsächlich bereits eingetreten ist.

Und tatsächlich lassen sich beim Autogenen Training die Muskeln gezielt durch Affirmationen entspannen. Messbare Effekte zeigen auch die Formeln zur Wärme, die eine messbare Verbesserung der Durchblutung erzeugen.

Beispiele:

„Mein rechter Arm ist strömend warm"

„Rechtes Bein ist warm"

oder

„Meine Beine sind ganz warm"

Das Verfahren des AT läuft immer nach einem bestimmten Schema ab.

Der Übende nimmt dabei eine bestimmte Körperhaltung im Sitzen oder im Liegen ein und beginnt damit, eine Reihe von Affirmationen in einer bestimmten Reihenfolge mehrfach zu wiederholen.

Dabei werden vor allem drei Übungsbereiche behandelt:

- **Schwereübung:** Entspannung der Muskulatur
- **Wärmeübung:** Verbesserung der Durchblutung

Hinzu kommen manchmal noch spezielle Übungsformeln zur Beeinflussung der Funktion bestimmter Organe. So kann zum Beispiel durch eine Formel wie *„Mein Herz schlägt ruhig und gleichmäßig."* der Herzschlag positiv reguliert werden.

Anleitung zum Autogenen Training

Im Folgenden finden Sie eine Anleitung für die Übungen des Autogenen Trainings. Sie können damit beginnen und schon einmal ein Gefühl dafür bekommen, wie das Autogene Training auf Sie wirkt. Grundsätzlich ist es möglich, das AT ohne Anleitung eines Arztes oder Kursleiters zu erlernen. Die meisten Menschen empfinden eine grundlegende Anleitung in Form eines Kurses aber als sehr hilfreich. Wenn das AT für Sie infrage kommt, sollten Sie darüber nachdenken, einen Einführungskurs zu belegen.

Wann und wie oft sollte man die Übungen durchführen?

Empfohlen wird, die Übungen drei Mal täglich durchzuführen. Wenn Sie dazu zu wenig Zeit haben, können Sie die Übungen auch nur ein oder zwei Mal am Tag durchführen. Im Zweifelsfalle gilt, dass es besser ist, die Übungen weniger häufig zu machen, als gar nicht.

Für die Durchführung der Übungen wird eine der folgenden Körperhaltungen eingenommen:

- **Kutscherhaltung**

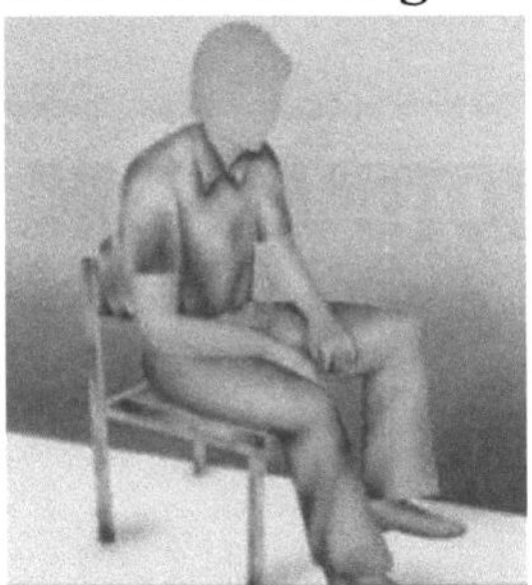

- **Haltung im Sitzen auf einem Stuhl**

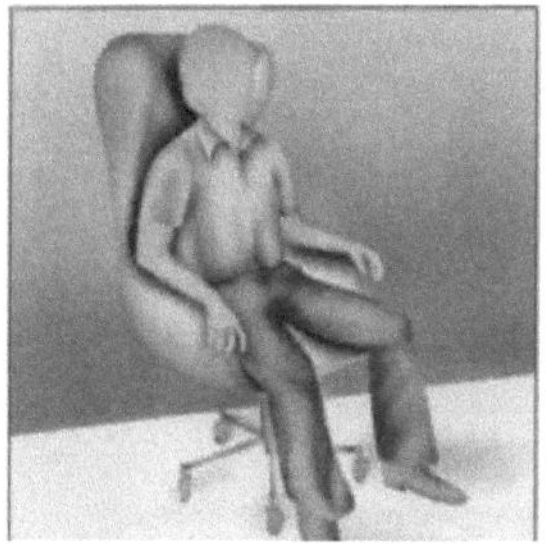

- **Liegehaltung**

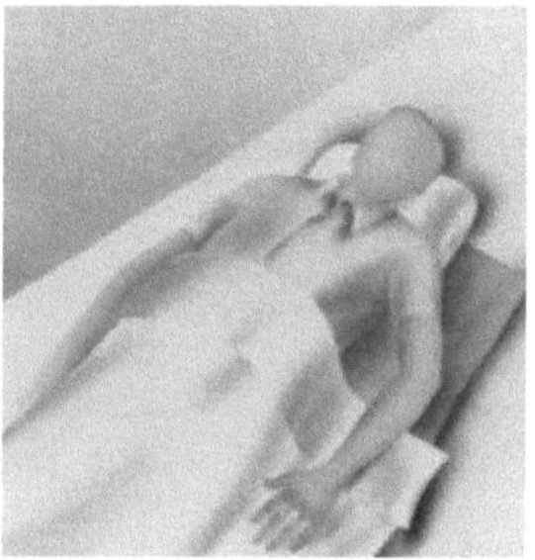

- **Schreibtischhaltung**

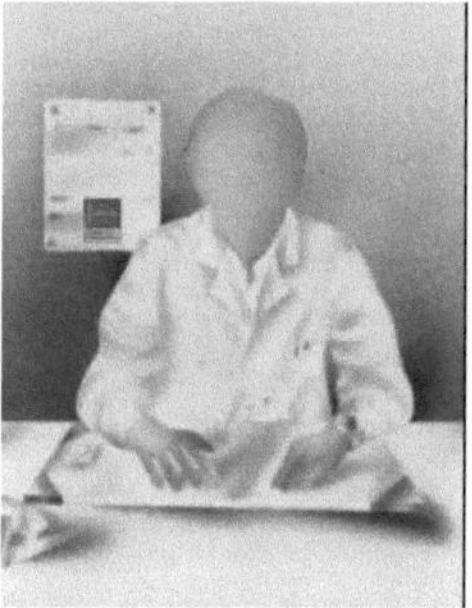

Schwereübung:

Folgende Formeln werden für die Schwereübung verwendet:

Arme:

„Rechter Arm ist ganz schwer.“ - alternativ für Linkshänder: „Linker

Arm ist ganz schwer.“

5 - 7-mal wiederholen

Ruheformel: *„Ich bin ganz ruhig.“*

„Linker Arm ist ganz schwer.“ - alternativ für Linkshänder: *„Rechter Arm ist ganz schwer.“*

5 - 7-mal wiederholen

Ruheformel: *„Ich bin ganz ruhig.“*

„Beide Arme sind ganz schwer.“

5 - 7-mal wiederholen

Ruheformel: „Ich bin ganz ruhig.“

Beine:

„Rechtes Bein ist ganz schwer.“

5 - 7-mal wiederholen

Ruheformel: *„Ich bin ganz ruhig.“*

„Linkes Bein ist ganz schwer.“

5 - 7-mal wiederholen

Ruheformel: *„Ich bin ganz ruhig.“*

„Beide Beine sind ganz schwer.“

5 - 7-mal wiederholen

Ruheformel: „Ich bin ganz ruhig.“

Generalisierung Schwere:

Das Schweregefühl greift nach und nach auf den ganzen Körper über. Das wird aber nicht durch eine eigene Formel erreicht, sondern geschieht von selbst.

Wärmeübung

Folgende Formeln werden für die Wärmeübung verwendet:

Arme:

„Rechter Arm ist strömend warm." - alternativ für Linkshänder: *„Linker Arm ist strömend warm."*

5 - 7-mal wiederholen

Ruheformel: *„Ich bin ganz ruhig."*

„Linker Arm ist strömend warm." - Alternativ für Linkshänder: *„Rechter Arm ist strömend warm."*

5 - 7-mal wiederholen

Ruheformel: *„Ich bin ganz ruhig."*

„Beide Arme sind strömend warm."

5 - 7-mal wiederholen

Ruheformel: „Ich bin ganz ruhig."

Beine:

„Rechtes Bein ist strömend warm."

5 - 7-mal wiederholen

Ruheformel: *„Ich bin ganz ruhig."*

„Linkes Bein ist strömend warm."

5 - 7-mal wiederholen

Ruheformel: *„Ich bin ganz ruhig.“*

„Beide Beine sind strömend warm.“

5 - 7-mal wiederholen

Ruheformel: „Ich bin ganz ruhig.“

Generalisierung Wärme:

Das Wärmegefühl greift nach und nach auf den ganzen Körper über. Das wird aber nicht durch eine eigene Formel erreicht, sondern geschieht von selbst.

Herzübung

Vorausgesetzt, der Übende hat keine gesundheitliche Herzprobleme, folgt nun die Herzübung mit dieser Formel:

> *„Herz schlägt ruhig und gleichmäßig.“ oder „Herz schlägt ruhig und kräftig.“*

Angstpatienten, denen diese Übung Unbehagen bereitet, können sie nach Absprache mit ihrem Arzt weglassen oder modifizieren.

Atemübung

Das Ziel der Atemübung ist, den Atem in einen natürlichen Rhythmus zu überführen. Die Atmung soll ausdrücklich nicht willentlich verändert werden, sondern ohne Zwang fließen.

Dazu werden die folgenden Formeln verwendet:

> *„Atmung ist ruhig und gleichmäßig.“ oder „Atem fließt ruhig und gleichmäßig.“*

Alternativ oder zusätzlich kann auch die Formel „Es atmet mich.“ verwendet werden. Diese Formel unterstreicht besonders deutlich, dass es nicht darum geht, die Atmung zu steuern. Auch die Atemübung setzt voraus, dass der Übende keine gesundheitlichen Probleme mit Lunge oder Atmung hat. Sollte dies doch der Fall sein, kann die Formel in Absprache mit einem Arzt auch abgeändert und an die Bedürfnisse des Übenden angepasst werden.

Angstpatienten, denen diese Übung Unbehagen bereitet, können sie nach Absprache mit ihrem Arzt weglassen oder modifizieren.

Bauchwärme

Schulz schlägt in seinen Schriften folgende Formulierung vor:

„Sonnengeflecht ist strömend warm."

Da den meisten Übenden der Begriff „Sonnengeflecht" kaum bekannt sein dürfte, kann die Formel ersetzt werden durch:

„Bauch ist strömend warm."

Stirnkühle

Die Stirnformel soll laut Schulz eine *mentale Klarheit* erzeugen. Sie lautet:

„Stirn ist angenehm kühl."

Auch hier gilt: Leidet der Übende unter Kopfschmerzen oder Migräne, kann die Formel auch modifiziert werden. Zum Beispiel: „Kopf ist leicht und frei."

Training beenden - „Zurücknehmen"

Ein wichtiges Element jeder Trainingseinheit ist das korrekte Beenden der Übungen. Dieses Beenden, das im AT als „Zurücknehmen" bezeichnet wird, ist deshalb so wichtig, weil dadurch wieder ein normaler Muskeltonus hergestellt wird. Wird das Zurücknehmen vernachlässigt, kann es aufgrund der entspannten Muskulatur schlimmstenfalls zu Stürzen o. ä. kommen.

So läuft das Zurücknehmen ab:

Zuerst werden die Fäuste geballt. Dann schlägt man sich mit den fest geballten Fäusten mit kräftiger Muskelanstrengung auf die Schultern und lässt die Arme dann locker in die Ausgangslage fallen. Dies geschieht drei- oder fünfmal. Beim letzten Mal lässt man die geballten Fäuste oben, macht eine kurze Pause, atmet ruckartig tief ein, reißt dann gleichzeitig die Augen und die Fäuste auf und gibt einen kurzen, explosionsartigen Laut von sich. Fühlt sich der Trainierende daraufhin noch nicht frisch, wird der Vorgang wiederholt. Vor dem Schlafengehen, wo meist die dritte Übung stattfindet, wird nicht zurückgenommen. Stattdessen dreht sich die trainierende Person zur Seite und schläft ein.

Info:

Die vollständige Methode des AT umfasst noch weitere Übungen und Techniken, die über die genannten Basisübungen zur Entspannung hinausgehen. Insgesamt gibt es drei sogenannte Stufen des AT:

Die Grundstufe:

- Erleben der Schwere
- Erleben der Wärme
- Herzregulierung
- Atmungsregulierung
- Bauchwärme
- Stirnkühlung

Die Mittelstufe :

In der sogenannten Mittelstufe werden formelhafte Vorsätze gebildet, die auf eine erwünschte Veränderung des eigenen Verhaltens abzielen. Dazu gehören zum Beispiel Formeln wie *„Ich bleibe ganz ruhig und gelassen.“*, *„Ich bin konzentriert und ruhig.“* oder auch *„Rauchen wird immer unwichtiger.“*

Voraussetzung für die Übungen der Mittelstufe ist die Beherrschung der

Entspannungsübungen der Grundstufe.

Die Oberstufe:

In der Oberstufe des AT, geht es um psychoanalytische Ansätze oder auch um meditative Techniken. Es gibt unter anderem Übungen zur imaginativen Vorstellung von Bildern und Farben oder Assoziationsübungen zu abstrakten Begriffen.

Die Oberstufe des AT ist denjenigen vorbehalten, die die Übungen der Grund- und Mittelstufe bereits beherrschen. Für Menschen, die das AT lediglich nutzen, um sich zu entspannen, sind die Übungen der Oberstufe weniger wichtig.

Info:

Wie bei den meisten Entspannungstechniken setzt auch das Autogene Training regelmäßiges Trainieren (mindestens einmal bis dreimal am Tag) voraus. Erste Erfolge sind erst nach wenigen Wochen zu spüren. (Also, nicht zu früh aufgeben!)

Es kommt vor, dass Menschen, die von einer Angststörung betroffen sind, anfänglich manchmal Probleme mit dem Autogenen Training haben. Insbesondere das Hinlenken der Aufmerksamkeit auf bestimmte Körperfunktionen, wie Atmung oder Herzschlag, erzeugt bei manchen Betroffenen Unwohlsein.

Das Autogene Training ist aber so ausgelegt, dass es problemlos möglich ist, bestimmte Übungsteile wegzulassen oder zu modifizieren. Sprechen Sie darüber mit Ihrem Arzt. Er kann Ihnen sagen, ob das AT grundsätzlich für Sie geeignet ist und wie Sie die Übungen an Ihre individuellen Bedürfnisse anpassen können.

So funktionieren Entspannungstechniken am besten

Neben dem eigentlichen Üben, also der regelmäßigen Durchführung über einen längeren Zeitraum hinaus, können Sie den Erfolg der Entspannungstechniken verbessern, wenn Sie folgende Regeln beachten:

Ungestörtheit

Sorgen Sie dafür, dass Sie während der Durchführung der Entspannungsübungen ungestört sind. Dazu gehört nicht nur das Abschalten von Telefon und Handy für die Übungsdauer. Teilen Sie auch Ihrer Familie oder anderen Mitbewohnern mit, dass Sie für die nächsten 30 oder 60 Minuten ungestört sein wollen. Es kann auch helfen, ein kleines Hinweisschild von außen an der Zimmertür anzubringen, das darauf hinweist, dass Sie nicht gestört werden möchten.

Ruhige Umgebung

Wählen Sie für die Durchführung der Übungen einen Raum aus, in den den möglichst wenig störende Geräusche von außen eindringen. Schließen Sie das Fenster, um Lärm von draußen zu minimieren.

Angenehme Temperatur

In Ihrem Übungsraum sollte eine angenehme Temperatur herrschen. Im Zweifelsfalle ist ein wenig zu warm besser als zu kalt. Ihr Körper kühlt leicht aus, wenn Sie für längere Zeit unbeweglich sitzen oder liegen.

Mit der richtigen Grundstimmung starten

Damit Entspannungstechniken auch in echten Stresssituationen wirken, braucht es viel Training und Routine. Wenn Sie gerade erst beginnen, erleichtern Sie sich die Sache, wenn Sie nicht gerade dann trainieren, wenn Sie besonders angespannt sind. Vermeiden Sie also unmittelbar vor dem Training aufregende Tätigkeiten wie das Anschauen spannender Fernsehsendungen oder das Spielen hektischer Computerspiele.

Bequeme Sitz- oder Liegeposition einnehmen

Ganz gleich, ob Sie im Sitzen oder im Liegen üben. Sorgen Sie dafür, dass

Sie die Position für den Zeitraum der Übung bequem einhalten können. Wenn Sie im Liegen üben, sollten Sie eine weiche Unterlage wählen. Wenn Sie auf dem Boden liegen, brauchen Sie eine weiche und wärmedämmende Unterlage, wie zum Beispiel eine Isomatte, Yogamatte oder Matratze. Beim Training im Liegen beugt eine Rolle oder eine zusammengerollte Decke, die Sie unter die Knie legen, möglichen Rückenschmerzen vor.

Nichts erwarten oder erzwingen wollen

Entspannung funktioniert dann am besten, wenn Sie sich keine Gedanken darüber machen, was während der Übung passieren sollte. Sagen Sie sich: „So, wie es passiert, ist es gut." Versuchen Sie nicht, Ergebnisse zu erzwingen. Entspannungsübungen verlaufen bei jedem anders. Machen Sie sich keine Gedanken, wenn nicht sofort die erwarteten Effekte eintreten.

Zurücknehmen nicht vergessen

Nach jeder Trainingseinheit ist es äußerst wichtig, Körper und Geist durch aktives Zurücknehmen wieder in den Wachzustand zu bringen. Einzige Ausnahme: Wenn Sie die Übungen bereits im Bett liegend vor dem Schlafengehen durchführen.

Geduldig sein

Entspannungstraining ist, wie der Name schon sagt, in erster Linie ein Training. Genauso wie beim Lauftraining oder beim Muskelaufbau brauchen Ihr Körper und Ihr Geist Zeit und regelmäßiges Training, um die gewünschten Effekte zu erreichen.

Insbesondere beim Autogenen Training ist es nicht ungewöhnlich, wenn spürbare Erfolge erst nach einigen Wochen des regelmäßigen Trainings eintreten.

Etwas schneller geht es bei der Progressiven Muskelentspannung. Für jede Art von Entspannungstraining gilt aber, dass die Entspannungseffekte erst durch häufiges und regelmäßiges Training verlässlich auch in akuten Stresssituationen abrufbar sind.

Gehen Sie verantwortungsvoll mit Medikamenten um

Zum Thema „Medikamente gegen die Angst“ gibt es eine Vielzahl von Informationen, Meinungen und Aussagen. Manche davon sind schlicht falsch, andere unvollständig und leider nur wenige sind tatsächlich zutreffend.

Grundsätzlich lassen sich vier Gruppen von Medikamenten unterscheiden, die bei einer Angsterkrankung eingesetzt werden können:

- **1. Antidepressiva**
  Dies sind Medikamente, deren Haupteinsatzgebiet die Behandlung von Depressionen ist. Daneben haben einige Antidepressiva aber auch eine angstlösende und schmerzlindernde Wirkung. Da Antidepressiva nicht abhängig machen, werden sie oft auch zur Langzeitmedikation bei Angsterkrankungen eingesetzt.

  Einige Antidepressiva haben die Eigenschaft, erst nach einiger Zeit (einigen Wochen) ihre erwünschte Wirkung zu zeigen. Wenn Ihr Arzt Ihnen ein Antidepressivum verschrieben hat, sollten Sie sich also nicht wundern, wenn zu Beginn statt der gewünschten Wirkung u.U. nur unerwünschte Nebenwirkungen auftreten. Besprechen Sie das Problem mit Ihrem Arzt. Häufig lassen die Nebenwirkungen im Laufe der Zeit nach.

Tipp:

Es zeigt sich, dass nicht alle Menschen in der gleichen Weise auf ein Antidepressivum reagieren. Es kann also sein, dass Ihr Arzt Ihnen nach einiger Zeit ein anderes Präparat verschreibt, wenn der erste Versuch nicht erfolgreich war. Das ist kein Zeichen von Ratlosigkeit, sondern ein völlig normales Vorgehen.

- **2. Benzodiazepine (Beruhigungsmittel)**
  Medikamente dieser Gruppe wirken angstlösend und allgemein beruhigend. Ihr Vorteil besteht darin, dass sie im Gegensatz zu den Antidepressiva sehr schnell (bereits kurz nach der Einnahme) wirken. Dies kann insbesondere in Notsituationen hilfreich sein.

Der Nachteil dieser Medikamentengruppe besteht darin, dass relativ schnell (innerhalb weniger Wochen) eine Gewöhnung eintritt, die dazu führt, dass mit der gleichen Dosis eine immer geringere Wirkung erreicht wird. Patienten, die solche Medikamente über einen längeren Zeitraum einnehmen, entwickeln häufig eine unerwünschte Abhängigkeit.
Diese kann sich zum Beispiel darin äußern, dass die Dosis immer weiter erhöht wird, oder darin, dass Unruhe und Unwohlsein auftreten, wenn das Medikament nicht mehr eingenommen wird.

Dennoch können Beruhigungsmittel für einen eng begrenzten Zeitraum eine gute Lösung sein. Ob, und wann das der Fall ist, entscheidet Ihr Arzt.

- **3. Anxiolytika**
  Dies sind Medikamente, deren Hauptwirkung darin besteht, Ängste zu mindern oder zu verhindern. Da die meisten Anxiolytika ähnlich wirken wie die Benzodiazepine, bestehen hier die gleichen Risiken.
  Ein neueres Medikament aus der Gruppe der Anxiolytika ist Buspiron. Die Gefahr der Abhängigkeit ist bei Buspiron nach bisherigem Forschungsstand geringer bzw. nicht vorhanden. Allerdings wirkt Buspiron, ähnlich wie die meisten Antidepressiva, erst nach frühestens zwei Wochen. Buspiron hat gegenüber den Benzodiazepinen auch den Vorteil, dass es nicht sedierend, aber trotzdem angstlösend wirkt.

- **4. Betablocker**
  Die sogenannten Betablocker sind Medikamente, die die körperlichen Reaktionen auf das „Stresshormon“ Adrenalin und den Neurotransmitter Noradrenalin abmildern oder neutralisieren. Betablocker wirken insbesondere auf das Herz und den Kreislauf. Sie senken die Pulsrate und den Blutdruck, weshalb sie häufig auch bei Bluthochdruck oder bei Herzrhythmusstörungen verschrieben werden.
  Betablocker lindern somit vor allem die <u>Symptome</u> der Angst. Da

diese aber häufig in einem Teufelskreis auch bei der Entstehung von Angst eine Rolle spielen, können Betablocker eine sinnvolle Behandlungsmethode darstellen. Dies insbesondere, weil sie von allen vorgestellten Medikamenten die wenigsten unerwünschten Nebenwirkungen hervorrufen.

Achtung:

Bei Benzodiazepinen, Anxiolytika und einigen Antidepressiva, kann nach der Einnahme die Fähigkeit, am Straßenverkehr teilzunehmen und Maschinen zu bedienen, eingeschränkt sein! Insbesondere zu Beginn der Behandlung sollten Sie dabei deshalb besonders vorsichtig sein.

Nehmen Sie Medikamente gegen Ihre Angst grundsätzlich nur dann und in der Dosierung ein, in der Ihr Arzt Ihnen diese verordnet hat. Wenn Sie Fragen oder Bedenken haben, ein Medikament einzunehmen, besprechen Sie dies mit Ihrem Arzt. Er wird Ihnen erklären, in welcher Form Ihnen das verschriebene Medikament hilft, wie oft und wie lange Sie es einnehmen sollen und was dabei zu beachten ist.

Lassen Sie sich nicht von selbst ernannten „Experten" verunsichern, die sämtliche Psychopharmaka (= Medikamente, die auf die Psyche wirken) verteufeln. Eine Angsterkrankung kann es erforderlich machen, dass Sie für einen bestimmten Zeitraum Medikamente einnehmen. Vertrauen Sie Ihrem Arzt und richten Sie sich nach dessen Anweisungen.

Bleiben Sie beschäftigt

Angst entsteht besonders häufig in Phasen, in denen das Gehirn und der Verstand nichts zu tun haben. Sicher haben Sie selbst schon bemerkt, dass Ihre Ängste seltener auftreten, wenn Sie mit einer Sache so beschäftigt sind, dass Sie kaum zum Nachdenken kommen.

Nutzen Sie diesen Effekt, indem Sie es möglichst vermeiden, untätig auf dem Sofa zu sitzen und stattdessen aktiv werden.

Was Sie dann tun, ist im Grunde nebensächlich. Wichtig ist, dass es eine Sache ist, die Sie so beschäftigt, dass Sie währenddessen nicht dazu kommen, Ihre Gedanken schweifen zu lassen.

Besonders gut funktioniert dies mit Tätigkeiten, die Sie gerne durchführen, aber auch mit solchen, die einen wichtigen Zweck erfüllen.

So sind zum Beispiel Aktivitäten, die anderen, benachteiligten Menschen zugutekommen, oft besonders erfüllend. Erkundigen Sie sich, ob es in Ihrer Stadt Hilfsdienste für ehrenamtliche Helfer gibt. Das kann zum Beispiel eine mittägliche Tafel, eine Suppenküche oder Hausaufgabenhilfe für Kinder aus benachteiligten Familien sein. Überhaupt ist jede Hilfe für Andere ein guter Ansatz zur Überwindung Ihrer eigenen Ängste. Die eigenen Befürchtungen werden dadurch oft in eine realistische Relation gebracht. Eigene Ängste werden dadurch als weniger bedrohlich und weniger wichtig empfunden.

Ideen für Beschäftigungen:

- Im Garten arbeiten
- Musizieren
- Spazieren gehen
- Sport treiben (Laufen, Walken, Schwimmen, Rad fahren, im Verein Fußball spielen etc.)
- Bei einer gemeinnützigen Tafel mithelfen

- Hausaufgabenbetreuung für benachteiligte Kinder anbieten
- Betreuung älterer Menschen

Setzen Sie sich Ziele!

Angst entsteht oftmals aus Unsicherheit und fehlenden Zielen oder Aufgaben. Dazu kommt dann das Gefühl der Ohnmacht, wenn wir das Gefühl haben, unser Leben nicht selbst steuern zu können.

Beide Probleme können Sie in Angriff nehmen, indem Sie Ihre Wünsche und Ziele klar formulieren und einen Plan erstellen, wie Sie diese erreichen können.

Besonders wichtig ist es, die Ziele konkret zu formulieren. Allgemeine Formulierungen wie:

- Ich will ein besserer Mensch werden.
- Ich will erfolgreich sein.
- Ich will reich werden.
- Ich will beliebt sein.
- Ich will ein Superstar werden.

... sind nicht besonders hilfreich. Sie sind einfach zu unpräzise.

Was bedeutet es, „ein besserer Mensch" zu sein?
Wann ist man wirklich „erfolgreich", und wie viel Geld muss man besitzen, um sich selbst als „reich" zu empfinden?

Solche, zu allgemein formulierte Ziele, führen nicht dazu, tatsächlich etwas anzupacken und zu verändern. Besser ist es, die Ziele genau zu definieren:

Setzen Sie sich für jeden Tag ein kleines Ziel, das Sie Ihrem großen Ziel einen Schritt näher bringt. Arbeiten Sie daran, dieses Ziel zu erreichen. Ihre Gedanken sind dadurch mit etwas Sinnvollem beschäftigt. Es bleibt weniger Zeit für Ängste und Sorgen.

Ein weiterer positiver Effekt ist, dass Sie merken, dass Sie Ihr Leben wieder selbst steuern können, indem Sie aktiv an Ihren Zielen arbeiten.

Statt „Ich will ein Superstar werden“ ist zum Beispiel „Ich möchte Sänger in einer Band sein“ schon wesentlich realistischer.

Wenn Sie dieses Ziel nun noch in kleine Schritte aufteilen, können Sie sofort aktiv werden.

Beispiele:

- ✓ Ich werde Notenlesen lernen. Dazu besuche ich einen Kurs in der Volkshochschule.
- ✓ Ich werde mein Gitarrenspiel verbessern. Dazu werde ich jeden Abend 30 Minuten üben.
- ✓ Damit mein Englisch besser wird, werde ich 2 x pro Woche an einem Englischkurs teilnehmen.

Der Vorteil solch konkreter Ziele in kleinen Schritten ist, dass Sie am Ende jedes Tages feststellen können, ob Sie Ihrem Ziel näherkommen oder nicht. Sie können so jeden kleinen Schritt auf dem Weg zu Ihrem Ziel „abhaken“. Am besten führen Sie darüber Buch und tragen jeden Abend vor dem Schlafengehen ein, was Sie an diesem Tag alles geschafft haben.

Lachen Sie mal wieder!

„Lachen ist die beste Medizin", sagt schon der Volksmund. Und tatsächlich hat das Lachen erwiesenermaßen viele positive Effekte auf unsere mentale und körperliche Gesundheit.

Vielleicht denken Sie jetzt „Ich habe einfach nichts zu lachen" oder „Meine Angst verhindert, dass ich überhaupt noch lachen kann." Mein Rat lautet hier: Versuchen Sie es trotzdem! Geben Sie diesem Vorschlag zumindest eine Chance. Die Erfahrung zeigt, dass Lachen oft auch dann funktioniert, wenn man selbst davon überzeugt ist, dass man nicht lachen kann und das Ganze ohnehin nichts bringt.

Es ist in vielen Fällen erstaunlich, wie Komödien oder manche YouTube-Filmchen die Zuschauer zum Lachen bringen können. Stören Sie sich nicht daran, dass das Niveau von lustigen Filmen oder Sendungen im Fernsehen in vielen Fällen bodenlos ist. Oft sind es gerade die ganz simplen Dinge, die uns zum Lachen bringen können.

Beispiele für witzige Filme und Filmchen:

- **Pannen-Serien:**
  Hier werden ununterbrochen witzige Missgeschicke gezeigt, die von Privatleuten auf Video festgehalten wurden. Das Niveau ist unterirdisch, trotzdem sind die Szenen oft zum Brüllen komisch.

- **YouTube-Filme**
  Hier kursieren die unterschiedlichsten Filmchen, oft Mitschnitte aus TV-Serien. Besonders witzig sind z. B. die Streiche mit versteckter Kamera. Insbesondere die amerikanische Sendung „Just for laughs (Einfach witzig)" bietet viele wirklich witzige Clips. Im Übrigen, keine Angst, die Filmclips kommen ohne Sprache aus, sind also auch für nicht-englisch-sprechende Menschen leicht zu verstehen.

- **Komödien im Kino oder im Fernsehen**
  Hier können Sie wöchentlich (im Kino) oder täglich (im Fernsehen) neue witzige Filme entdecken, die für jeden Geschmack et-

was zum Lachen bieten. Natürlich können Sie die besten Komödien auch als DVD erwerben. Diese können Sie dann jederzeit (am besten mit Freunden gemeinsam) anschauen.

Tipp 1

Einige Fernsehzeitschriften bewerten die ausgestrahlten Filme auch unter dem Kriterium „Humor". Sendungen, die hier hohe Wertungen erhalten, sind für Sie geeignet. Eine Vorschau und/oder Beschreibung der neuesten Kinofilme finden Sie auf verschiedenen Kinoportalen.

Tipp 2

Die Wirkung witziger Filme verdoppelt sich automatisch, wenn Sie sie gemeinsam mit Freunden oder der Familie anschauen. Gemeinsam lacht es sich einfach besser!

Dies sind typische Folgen, die das Lachen im Körper bewirkt

+ Glückshormone werden freigesetzt.
+ Die Sauerstoffversorgung von Körper und Gehirn wird verbessert.
+ Die Immunabwehr steigt.
+ Die Skelettmuskulatur entspannt sich.
+ „Wohlfühlregionen" im Gehirn werden stimuliert.

Weitere Möglichkeiten, um Spaß zu haben:

- Mit witzigen Freunden ausgehen oder sich zu Hause treffen
- Eine Komödie im Theater anschauen
- In den Zirkus gehen
- Im Internet witzige Seiten aufsuchen

Ignorieren Sie Nachrichtensendungen!

Wirft man einen Blick in die Nachrichten, die in unterschiedlichsten Medien (Fernsehen, Internet, Radio, Zeitungen) auf uns einströmen, muss man sich eigentlich wundern, warum nur so wenige Menschen hierbei Angst bekommen.

Die Nachrichtenmeldungen bestehen zu einem großen Teil aus bedrohlichen Katastrophenmeldungen. Der Rest sind Nachrichten, die in der Regel negativ geprägt sind und tatsächliche oder nur heraufbeschworene Bedrohungen enthalten.

Um dieses Phänomen verstehen oder auch vermeiden zu können, muss man wissen, wie Nachrichten produziert werden und welche Ziele sie verfolgen.

Nachrichten sollen Aufmerksamkeit erregen, mit ihnen soll Geld verdient werden. Da Nachrichten negativen Inhaltes und - noch besser - Katastrophenmeldungen die größte Aufmerksamkeit erregen, werden eben vorwiegend solche Nachrichten produziert.

Dabei entsteht für die Zuschauer oder Leser zwangsläufig der Eindruck, dass das Leben und die ganze Welt vorwiegend aus Verbrechen, Katastrophen, korrupten Politikern und anderen unerfreulichen Dingen besteht.

Einige Nachrichtenmacher sind dabei sogar so kreativ, dass selbst Nachrichten mit einem positiven Inhalt, sofort infrage gestellt und unter einem möglichst negativen Aspekt betrachtet werden.

Bei Menschen, die sensibel und/oder ängstlich sind, ist die Wirkung solcher Nachrichtenmeldungen pures Gift. Jeden Tag erhalten Sie über die Nachrichten die Botschaft: „Ja genau, alles ist schrecklich, und die ganze Welt ist schlecht!“

Befreien Sie sich von diesen überflüssigen Negativ-Input:

Reduzieren Sie die Zeit, die Sie damit verbringen, Nachrichten zu konsumieren.

Vermeiden Sie Medien, die bevorzugt Katastrophenmeldungen und andere Aufreger publizieren. Dazu gehören zum Beispiel Zeitungen, in denen es weniger um Nachrichtenvermittlung geht, als mehr darum, die Leser anzustacheln und zu empören.

Vermeiden Sie Katastrophen-Dauersendungen und Fernsehsender, die ihren Zuschauern während anderer Sendungen zusätzlich Nachrichten in einer Zeile am unteren Bildschirmrand aufzwingen.

Ignorieren Sie angebliche Forschungsergebnisse

Es vergeht kein Tag, an dem wir nicht darüber informiert werden, dass „Forscher der Universität XY“ herausgefunden haben, dass irgendetwas, was wir schon immer getan haben, plötzlich ganz besonders schädlich oder ungesund ist. Es gibt wohl kaum etwas, von dem man noch nicht lesen konnte, dass es unsere Gesundheit ernsthaft bedroht.

Dabei spielt es keine Rolle, ob es dabei ums Essen oder Trinken, Art und Umfang unserer sportlichen Betätigungen oder einfach unser Freizeitverhalten geht. Zu jedem X-beliebigen Thema kann man in Zeitungen und Zeitschriften oftmals völlig widersprüchliche „Forschungsergebnisse“ lesen.

Es scheint auch niemanden zu interessieren, dass man von der Universität Y oder von dem „renommierten“ Forscher X vorher noch nie etwas gehört hat. Hauptsache ist, dass die Meldungen den Leser aufschrecken. Wenn der denkt: „Oh nein, das habe ich ja jahrelang falsch gemacht!“, hat die Meldung ihren Zweck erfüllt.

Ängstliche Menschen, die ohnehin häufig unsicher sind, können durch solche Meldungen noch weiter verunsichert werden. Dies insbesondere dann, wenn dadurch Dinge infrage gestellt werden, von denen sie bisher fest überzeugt waren, oder auf die sie sich fest verlassen haben.

Letzteres kann zum Beispiel ein Problem sein, wenn unverantwortlicherweise falsche oder missverständliche Meldungen bezüglich der Wirkung bestimmter Medikamente herausgegeben werden. Nicht wenige Menschen brechen dann aus Angst die Einnahme von heute auf morgen ab, ohne das mit ihrem Arzt abzusprechen.

Bei vielen scheinbar spektakulären „Forschungsergebnissen“ stellt sich später heraus, dass die Zahlen falsch interpretiert wurden, die Meldung von den Medien missverstanden wurde oder auch, dass gar keine verlässlichen Zahlen vorliegen. Die wahre Bedeutung solcher Forschungsergebnisse können meist ohnehin nur Experten beurteilen.

Lassen Sie sich also nicht durch entsprechende Meldungen aus der Ruhe bringen. Wenn es sich um ein medizinisches Problem handelt, sprechen Sie mit Ihrem Arzt darüber. Bei anderen Dingen können Sie die ständig neuen Meldungen getrost ignorieren und einfach ganz entspannt bleiben.

Beruhigen Sie sich selbst

Wenn Sie dieses Buch lesen, werden Sie Ihre Angstgefühle wahrscheinlich schon seit einiger Zeit kennen. In dieser Zeit haben Sie - wenn auch vielleicht nicht bewusst - erfahren, dass die Angst zwar ein sehr unangenehmes Gefühl ist, Ihnen aber letztlich keinen wirklichen Schaden zufügen kann.

Es ist wichtig, dass Sie sich klarmachen, dass das, was Sie als Angst fühlen, eben „nur" Gefühle sind. So ein unangenehmes und bedrohliches Gefühl kann einem zwar den ganzen Tag verderben, umbringen kann es Sie aber nicht.

Erinnern Sie sich daran, wenn Sie sich in einer akuten Angstsituation befinden (zum Beispiel während einer Panikattacke). Es kann alles Mögliche passieren und noch so unangenehm werden, sterben werden Sie daran aber nicht!

Beispiele für hilfreiche Gedanken:

- *„Das habe ich schon oft erlebt, es ist unangenehm, kann mich aber nicht wirklich verletzen."*
- *„Dieses Gefühl kenne ich schon, es kann mir nicht wirklich schaden."*
- *„Ich weiß, was das ist. Es kann mir definitiv nicht wirklich wehtun."*
- *„Auch andere haben solche Angstgefühle. Niemand stirbt daran."*

Übrigens, ein guter Trick, um tröstende Worte für sich selbst zu finden, ist es, sich vorzustellen, man würde einen guten Freund oder eine gute Freundin trösten. Interessanterweise fallen den meisten Menschen dazu mehr Tröstungen ein als für sich selbst.

Fassen Sie Ihre Angst in Worte

Versuchen Sie, Ihre Ängste und die damit verbundenen Gefühle und körperlichen Symptome aufzuschreiben. Das wird Ihnen helfen, Ihre Gedanken zu strukturieren und sich darüber klar zu werden, was Ihnen tatsächlich Angst macht.

Oft stellt man beim Lesen dann fest, dass viele Ängste objektiv betrachtet gar nicht begründet sind. Schreiben Sie auf, was Ihrer Meinung nach das Schlimmste ist, was Ihren Befürchtungen zufolge passieren kann.

Überlegen Sie dann:

Wäre es tatsächlich so eine Katastrophe, wenn Ihre schlimmsten Befürchtungen wahr würden?

Haben Sie Einfluss darauf, ob die Befürchtungen eintreten? Wenn ja, welche Schritte wollen Sie unternehmen, damit der befürchtete Zustand nicht eintritt? Wenn nein, fragen Sie sich: „Was nützen Sorgen und Ängste, um Dinge, die ich ohnehin nicht ändern kann?“ „Wer hat etwas davon, wenn ich mir darüber Sorgen mache?“ „Kann ich nicht viel besser meine Zeit und Energie stattdessen auf Dinge verwenden, die für mich und/oder andere wirklich wichtig sind?“

Häufig stellt man beim Schreiben auch fest, dass die Probleme, die sich als äußerst kompliziert und unüberschaubar dargestellt haben, plötzlich eine Struktur bekommen und so Schritt für Schritt bewältigt werden können.

Schreiben Sie in ein Tagebuch, das niemand außer Ihnen liest. Wenn Sie häufig am Computer arbeiten, oder dieser ohnehin ständig läuft, können Sie Ihre Gedanken auch einem der vielen erhältlichen Tagebuchprogramme anvertrauen. Damit niemand außer Ihnen darin liest, ist es empfehlenswert, ein Programm auszuwählen, mit dem Sie Ihr persönliches Tagebuch mit einem Passwort schützen können.

Schreiben Sie so, als würden Sie einer guten Freundin oder einem guten Freund schildern, was Sie bewegt. Verzichten Sie auf negative Bewertungen Ihres Verhaltens:

~~„Heute war ich schon wieder völlig unbegründet sehr ängstlich.“~~

~~*„Heute musste ich schon wieder weinen, ich bin eine alte Heulsuse!“*~~

Machen Sie sich keine (überflüssigen) Sorgen über die Zukunft

Diese Aufforderung mag zunächst wirklichkeitsfremd wirken. Gibt es doch Hunderte von Dingen, um die wir uns Sorgen machen sollten. Da sind die Kinder, was wird aus ihnen? Die Wirtschaft und der Euro geben auch Anlass zur Sorge. Was ist mit unserem Arbeitsplatz? Werden wir den in 2 Jahren noch haben? Und so weiter und so fort ...

Natürlich sind dies alles wichtige Aspekte unseres Lebens. Die Frage ist aber, ob wir dadurch, dass wir uns heute bereits den Kopf über Probleme zerbrechen, die noch gar nicht eingetroffen sind (und vielleicht nie eintreten werden), irgendetwas Positives erreichen?

Natürlich sollen Sie nicht einfach in den Tag hinein leben und die Auswirkungen Ihres Handelns auf die Zukunft ignorieren. Es reicht aber vollkommen, wenn Sie heute das tun, was in Ihrer Macht steht, um mögliche Probleme in der Zukunft zu vermeiden. Tun Sie das, was notwendig ist, aber hören Sie auf, ständig darüber nachzudenken, was alles passieren könnte.

Tipp

Das Sorgenmachen über die Zukunft hat nur eine Wirkung, die ganz sicher eintrifft: Es verdirbt uns die Gegenwart und verhindert trotzdem nicht, was morgen passieren kann!

ANHANG

Notfallaktionen während einer Panikattacke

Die meisten bekannten Empfehlungen zum Thema Angst haben die Eigenschaft, dass Erfolge in der Regel nicht kurzfristig erreichbar sind. Viele Betroffene suchen aber auch nach Mitteln, die im Notfall (z. B. bei einer Panikattacke) schnell oder sogar sofort wirken.

Im Folgenden finden Sie einige Tipps zu diesem Thema:

Ablenken

Tun Sie etwas, das Ihre Aufmerksamkeit so stark bindet, dass Sie keine Zeit mehr haben, über die Panik nachzudenken. Einige Betroffene empfehlen, zu singen oder ein Instrument zu spielen. Andere berichten, dass es ihnen hilft, Fotos anzuschauen oder Musik zu hören. Was bei Ihnen am besten funktioniert, finden Sie einfach durch Ausprobieren heraus.

In der Nacht: Aufstehen und aktiv werden

Bleiben Sie keinesfalls im Bett liegen, wenn Sie während der Nacht eine Panikattacke erleben. Stehen Sie auf, schalten Sie den Fernseher oder den Computer ein. Schauen Sie sich eine Sendung an oder lesen Sie ein Buch. Besonders hilfreich sind natürlich auch hier Sendungen, Filme oder Bücher, die Sie aufmuntern. Traurige, dramatische Werke sind hier fehl am Platz.

Etwas essen.

Möglichst keine schweren Speisen. Ein Apfel oder auch Stück Schokolade sind OK. Versuchen Sie sich beim Essen wirklich auf den Vorgang des Abbeißens und des Schmeckens zu konzentrieren. Beobachten Sie, wie der Geschmack auf der Zunge entsteht und sich beim Kauen entwickelt. Essen Sie bewusst und immer nur kleine Stücke.

Ein Glas eiskaltes Wasser trinken / Kaltes Wasser ins Gesicht spritzen / Das Gesicht in kaltem Wasser eintauchen

Dies löst den sogenannten „Tauchreflex“ aus, den schon Babys kurz nach der Geburt zeigen. Dabei wird automatisch der Herzschlag verlangsamt und der Blutkreislauf zentralisiert.

Fordern Sie Ihren Körper, statt ihn zu schonen. Idealerweise können Sie in der Situation direkt damit beginnen, Fahrrad zu fahren, zu laufen oder zu walken. Legen Sie sich für zu Hause ein Trainingsgerät wie ein Heimtrainer-Fahrrad, einen Cross- oder Elliptical-Trainer oder ein Laufband zu. Dann können Sie auch nachts und bei schlechtem Wetter jederzeit aktiv werden.

Beachten Sie hierbei - wie auch bei den anderen Tipps zum Thema Sport - dass Sie mit Ihrem Arzt klären müssen, mit welcher Belastung Sie beim Sport loslegen sollten. Übertreiben Sie es nicht.

Entspannungs- oder Atemübungen durchführen

Das ist ein Ratschlag, den man häufig liest. Wer aber weiß, wie man sich während einer Panikattacke fühlt, weiß auch, dass es gerade dann fast unmöglich ist, sich auf solche Übungen zu konzentrieren. Die Lösung besteht darin, die Übungen in den Zeiten zu trainieren, in denen es einem gut geht. Nur wenn Entspannungsübungen so gut trainiert sind, dass sie fast automatisch ablaufen, sind sie auch in einer Notfallsituation abrufbar.

Notfall-Tropfen

Unter dieser Bezeichnung werden homöopathische und pflanzliche verschreibungsfreie Medikamente angeboten, die auf der sogenannten Bachblütentherapie basieren. Die Notfall-Tropfen sollen beruhigend wirken und werden zum Beispiel auch vor einem Zahnarztbesuch, vor einem Bewerbungsgespräch und anderen Stress- und Angst-auslösenden Situationen empfohlen.

Wie bei den meisten Mitteln dieser Art gibt es keinen wissenschaftlichen Beleg für ihre Wirksamkeit. Die Wirkung wird häufig auch auf den sogenannten Placebo-Effekt zurückgeführt. Letztlich spielt es aber keine Rolle, wenn Ihnen die Tropfen helfen (aus welchem Grund auch immer), nehmen Sie sie. Schaden tun sie jedenfalls nicht.

Medikamente

Nicht empfehlenswert ist die Verwendung von Beruhigungsmitteln, um die unangenehmen Symptome einer Panikattacke zu lindern. Sehr leicht entsteht dabei eine Abhängigkeit. Zudem lernt der Betroffene so nicht, die Angstsituation zu überwinden, sondern nur aus ihr zu flüchten.

Nichtsdestotrotz können Beruhigungsmittel in manchen Fällen für kurze Zeit das Mittel der Wahl sein. Die Entscheidung, ob und wann Sie solche Mittel einnehmen sollen, trifft in jedem Fall Ihr Arzt.

Erklärung wichtiger Fachbegriffe

Im Folgenden finden Sie Erklärungen der wichtigsten Fachbegriffe, mit denen Sie konfrontiert werden, wenn Sie sich mit dem Thema Angst beschäftigen. Sollten Sie einen Begriff vermissen, zu dem Sie gerne eine Erläuterung hätten, schreiben Sie einfach an den Verlag oder direkt an mich. Beide Adressen finden Sie am Ende des Buches.

Abusus

Abusus ist die medizinische Bezeichnung für den Missbrauch von Medikamenten, Alkohol, Nikotin oder anderen Drogen.

Affektive Störung

Als affektive Störungen werden psychische Störungen bezeichnet, die sich vor allem durch eine krankhafte Veränderung der Stimmungslage auszeichnen. Die Stimmung kann gedrückt (Depression) oder gesteigert (Manie) sein. Weitere Symptome können Veränderung des Antriebs, des Appetits, des Schlafbedürfnisses oder der Libido sein. Zu den affektiven Störungen zählen die Depression, die Manie und die bipolaren Störungen.

Agoraphobie

Die Agoraphobie bezeichnete ursprünglich die Angst davor, sich auf großen offenen Plätzen aufzuhalten. Heute wird der Begriff allgemeiner für Ängste verwendet, die auftreten, wenn sich der Betroffene außerhalb seiner Wohnung oder seines Hauses aufhält.

Die Betroffenen entwickeln Ängste beim Verlassen des Hauses, beim Aufenthalt in Geschäften aber auch in Bussen, Bahnen oder Flugzeugen. Ganz allgemein tritt die Agoraphobie in Situationen auf, in denen der Betroffene das Gefühl hat, nicht ohne Weiteres aus der aktuellen Situation entfliehen zu können.

Die Betroffenen vermeiden es möglichst, sich zu weit von zu Hause zu entfernen. Reisen stellt häufig ein Problem dar, insbesondere allein, ohne Begleitung einer Vertrauensperson. Im schlimmsten Fall können die Betroffenen das eigene Haus oder die eigene Wohnung gar nicht mehr verlassen, ohne extreme Angst zu verspüren. Die Agoraphobie wird häufig, aber nicht immer, von Panikanfällen begleitet.

Anamnese

Als Anamnese wird die bisherige Kranken- und Leidensgeschichte eines Patienten bezeichnet. Der Arzt erhebt eine Anamnese zu Beginn der Behandlung. Er fragt nach aktuellen und den bisherigen Beschwerden, dem Krankheitsverlauf, Behandlungsversuchen und nach bisher eingenommenen Medikamenten. Weitere Fragen können auch die Lebensgeschichte, die familiäre Situation oder die soziale Stellung des Patienten betreffen.

Angst vor der Angst

Die Angst vor der Angst, die auch als *Erwartungsangst* bezeichnet wird, beschreibt die Angst davor, einen erneuten Angstanfall zu erleiden. Sie ist besonders häufig bei Betroffenen zu beobachten, die unter Panikattacken leiden. Da eine Panikattacke für den Betroffenen scheinbar urplötzlich und ohne Vorwarnung hereinbricht, ist die Angst vor einer erneuten Attacke hier besonders groß.

Besonders problematisch ist bei dieser Form der Erwartungsangst, dass sie selbst Symptome erzeugt, die wiederum Angst auslösen. Es entsteht ein „Teufelskreis", aus dem die Betroffenen ohne Hilfe nur schwer wieder ausbrechen können. Die durch die permanente Angst andauernde Anspannung ist für die Betroffenen sowohl psychisch als auch körperlich äußerst belastend.

Angststörung

Angststörung (auch Phobische Störung) ist ein Sammelbegriff für psychische Störungen, bei denen entweder unspezifische Angst oder aber konkrete Furcht (Phobie) vor einem Objekt bzw. einer Situation besteht. Auch die Panikstörung, bei der Ängste zu Panikattacken führen, zählt zu den Angststörungen.

Die Diagnose einer Angststörung wird gestellt, wenn der Betroffene über einen längeren Zeitraum (mehrere Wochen bis mehrere Monate) so unter seinen Ängsten leidet, dass seine Lebensqualität spürbar eingeschränkt ist. Zu den typischen Symptomen gehören unterschiedliche Ängste, Nervosität, Schlafstörungen, Herzklopfen, Zittern, sozialer Rückzug oder Vermeidungsverhalten.
Als generalisierte Angststörung bezeichnet man eine allgemeine Ängstlichkeit, die sich auf die unterschiedlichsten Lebensbereiche beziehen

kann.

Antidepressiva

Antidepressiva (Einzahl = *Antidepressivum*) sind Medikamente, die vor allem zur Behandlung von Depressionen eingesetzt werden. Weitere erprobte, Einsatzbereiche sind Angststörungen, Panikattacken aber auch Zwangsstörungen, Schlafstörungen oder chronische Schmerzen. Für die Behandlung von Ängsten sind insbesondere solche Antidepressiva geeignet, die über eine anxiolytische (angstlösende) Wirkung verfügen.

Aber auch die stimmungsaufhellenden Komponenten der Antidepressiva können für Angstpatienten hilfreich sein. Bei der Einnahme von Antidepressiva kann es bis zu mehreren Wochen dauern, bevor eine spürbare Wirkung eintritt. Während dieses Zeitraums nehmen die zu Beginn der Einnahme oft erheblichen Nebenwirkungen in der Regel ab. Da Antidepressiva nicht bei jedem Patienten die gleiche Wirkung zeigen, kann es notwendig sein, nacheinander mehrere Medikamente aus dieser Gruppe zu testen.

Antidepressiva machen in der Regel <u>nicht</u> abhängig. Nach längerer Einnahme muss das Absetzen jedoch unter Anleitung eines Arztes schrittweise vorgenommen werden („ausschleichen"). Antidepressiva müssen immer von einem Arzt verschrieben und nach dessen Vorgaben eingenommen werden. Da nicht jeder Hausarzt mit dieser Gruppe von Medikamenten gut vertraut ist, werden Antidepressiva meist von einem Facharzt, in diesem Fall von einem Psychiater, verschrieben.

Anxiolytika

Dies sind Medikamente, deren Hauptwirkung darin besteht, Ängste zu mindern oder zu verhindern. Da die meisten Anxiolytika ähnlich wirken wie die Benzodiazepine, bestehen hier die gleichen Risiken. Neuere Medikamente aus der Gruppe der Anxiolytika wie zum Beispiel Buspiron sollen angstlösend wirken, ohne abhängig zu machen. Allerdings wirken die Medikamente dieser Gruppe, ähnlich wie die Antidepressiva, erst nach einer mehrwöchigen Einnahme. Sie sind also als „Notfallmedikament" nicht geeignet.

Aut idem / Aut simile

Aut idem ist lateinisch und bedeutet „oder Gleiches“ (Aut simile = „oder Ähnliches). Man findet diesen Hinweis manchmal auf Rezepten. Der Arzt weist damit darauf hin, dass er nicht das Medikament eines bestimmten Herstellers verschreibt, sondern ein beliebiges mit dem gleichen Wirkstoff (siehe auch „Generika“). Für die Patienten verwirrend: Der Name des Medikaments kann von dem des verschriebenen Medikaments abweichen. Auch das Aussehen der Tabletten oder Kapseln kann variieren. Wichtig: In Deutschland können Apotheken an gesetzlich versicherte Patienten in vielen Fällen auch Ersatzmedikamente ausgeben, ohne dass der Arzt dies ausdrücklich vermerkt.

Autonomes Nervensystem

siehe „Vegetatives Nervensystem“

Benzodiazepine

Medikamente dieser Gruppe wirken angstlösend und allgemein beruhigend. Ihr Vorteil besteht darin, dass sie im Gegensatz zu den Antidepressiva sehr schnell (bereits kurz nach der Einnahme) wirken. Dies kann insbesondere in Notsituationen hilfreich sein.

Bei der Einnahme von Benzodiazepinen besteht wie bei allen Beruhigungsmitteln die Gefahr einer Abhängigkeit. Diese kann sich zum Beispiel darin äußern, dass die Dosis immer weiter erhöht wird, oder darin, dass Unruhe und Unwohlsein auftreten, wenn das Medikament nicht mehr eingenommen wird.

Dennoch können Beruhigungsmittel für einen eng begrenzten Zeitraum eine gute Lösung sein. Ob, und wann das der Fall ist, entscheidet Ihr Arzt.

Burn-out

Burn-out oder richtiger Burn-out-Syndrom ist ein Zustand emotionaler Erschöpfung und reduzierter Leistungsfähigkeit. Gemeint ist damit eine emotionale und geistige Erschöpfung, die in der Regel durch übermäßige Belastungen im Berufs- oder Privatleben ausgelöst wird.

So gilt als erwiesen, dass lang andauernder Stress, ohne die Möglichkeit, diesen adäquat abzubauen oder auszugleichen, eine Ursache für das Burn-out-Syndrom ist.

Burn-out kann wie auch andere Formen von übermäßiger Belastung zu Angststörungen und Panikattacken führen. Wenn erste Anzeichen des Burn-out-Syndroms wie zum Beispiel Schlafstörungen, auftreten, sollte die Belastung reduziert und gleichzeitig Maßnahmen zum Stressabbau ergriffen werden. Dazu gehören zum Beispiel regelmäßige Pausen, regelmäßige Entspannung (zum Beispiel auch mithilfe von Entspannungsübungen) und Ausdauersport.

Chronifizierung

Als „chronisch" werden Erkrankungen bezeichnet, die sich langsam entwickeln und lange andauern. Manche Erkrankungen werden erst zu chronischen Erkrankungen, weil sie zunächst unbehandelt bleiben. Dazu können auch Angsterkrankungen zählen. Ängste, die über einen langen Zeitraum nicht behandelt werden, können zu einer chronischen Angsterkrankung werden, deren Heilung deutlich länger dauern kann, als wenn sie sofort nach dem ersten Auftreten behandelt worden wäre.

Chronisch-rezidivierend

Chronisch-rezidivierend ist die Bezeichnung für Erkrankungen, die lang andauern, zwischenzeitige Besserung zeigen, aber dann erneut auftreten.

Compliance (engl. Regelbefolgung)

Als Compliance bezeichnet man in der Medizin die Bereitschaft zur Kooperation mit dem behandelnden Arzt und dessen Anweisungen. Mangelnde Compliance kann zum Beispiel darin bestehen, dass Patienten die verschriebenen Medikamente nicht oder nicht in der verschriebenen Dosis oder Regelmäßigkeit einnehmen. Mangelnde Compliance kann bei der Behandlung zu einem Rückfall (Rezidiv) führen.

Derealisation

Unter Derealisation versteht man das Gefühl, dass Dinge oder die gesamte Umwelt „unwirklich" sind. Die Umwelt erscheint den Betroffenen dann fremd und unvertraut, obwohl sie sich in ihrem ganz alltäglichen Umfeld befinden.

Derealisationszustände können durch Medikamente, Drogen aber auch durch Angstzustände wie zum Beispiel Panikattacken ausgelöst werden.

Depersonalisation

Bei der Depersonalisation tritt ähnlich wie bei der Derealisation ein Gefühl der Entfremdung ein. Hier bezieht sich das Gefühl allerdings vor allem auf die eigene Person. Dabei fühlen sich die Betroffenen verändert oder fremd. Der ganze Körper oder einzelne Körperteile können als nicht-zu-sich-gehörig, leblos, fern oder unwirklich empfunden werden.

Genau wie die Derealisation kann die Depersonalisation auch als Symptom von Angstzuständen wie zum Beispiel bei Panikattacken auftreten.

depressiv

Das Wort kommt aus dem Französischen und bedeutet „gedrückt", „niedergeschlagen" oder „verstimmt".

Desensibilisierung

siehe „Konfrontationstherapie"

Differenzialdiagnose / Differenzialdiagnose

Differenzialdiagnose ist die Bezeichnung für Erkrankungen, die ähnliche oder gleiche Symptome erzeugen, wie die vom Arzt angenommene Diagnose. Der Arzt muss dann klären, welche Krankheit tatsächlich vorliegt. In Arztbriefen findet man häufig die Abkürzung „DD".

exogen

Exogen bedeutet „durch eine äußere Ursache hervorgerufen". Das Gegenteil nennt man „endogen".

EEG

EEG steht für „Elektroenzephalografie". Es handelt sich dabei um ein Diagnoseverfahren, bei dem die elektrische Aktivität des Gehirns gemessen wird. Die grafische Darstellung der Spannungsschwankungen wird ebenfalls als EEG (Elektroenzephalogramm) bezeichnet. Depressive Erkrankungen lassen sich mithilfe dieses Verfahrens (noch) nicht diagnostizieren. Es dient in Einzelfällen dazu, andere Erkrankungen oder neurologische Störungen auszuschließen.

endogen

Endogen bedeutet „aus sich heraus", „ohne erkennbare äußere Ursache". Das Gegenteil nennt man „exogen".

Episode

Eine zeitlich eingrenzbare Phase, in der bestimmte Symptome auftreten bzw. sich verschlechtern.

Erwartungsangst

siehe „Angst vor der Angst"

Expositionstherapie

siehe „Konfrontationstherapie"

Flooding

siehe „Konfrontationstherapie"

Generalisierte Angst / Angststörung

Unter einer generalisierten Angststörung versteht man andauernde Ängste, die nicht, wie bei einer Phobie, von bestimmten Objekten oder Situationen ausgelöst werden. Vielmehr beziehen sich die Ängste bei einer generalisierten Angststörung ganz allgemein auf alle möglichen Bereiche des Lebens. Im Vordergrund stehen Ängste, Befürchtungen und Sorgen, die sich um mögliche Unglücke oder Erkrankungen des Betroffenen selbst oder auch von Familienmitgliedern und Freunden drehen. Nicht selten treten Ängste in Bezug auf das eigene Altern auf. So zum Beispiel die Sorge, im Alter zu erkranken, zu vereinsamen oder nicht ausreichend versorgt zu sein. Grundsätzlich besteht bei den Betroffenen der Eindruck, die bestehenden Sorgen nicht kontrollieren zu können oder ihnen ausgeliefert zu sein.

Typische Symptome sind Nervosität, Sorgen, Befürchtungen, Konzentrationsstörungen und Schlafstörungen. Darüber hinaus kann es auch zu vegetativen Symptomen wie Benommenheit, Schwindel, Herzrasen, Herzstolpern oder Mundtrockenheit kommen.

Generika

Als Generika bezeichnet man sogenannte „Nachahmermedikamente", die nach Ablauf des Patentschutzes eines Originalmedikaments von verschiedenen Herstellern angeboten werden. Generika enthalten die gleichen Wirkstoffe, wie das Originalmedikament, sind jedoch in der Regel deutlich preiswerter. Ein Generikum eines Originalmedikaments erhält einen neuen Namen. Oft – aber nicht immer – zusammengesetzt aus dem Namen des Wirkstoffs und des Herstellers. Beispiel: „ASS ratiopharm". Generika unterliegen den gleichen Zulassungsbestimmungen und Kontrollen wie auch die Originalpräparate.

geriatrisch

Ältere Patienten betreffend.

Goldstandard

Als Goldstandard werden therapeutische oder diagnostische Verfahren bezeichnet, die als aktuell anerkannt beste Methode gelten. Entsprechend der Fortschritte in Medizin und Wissenschaft ändert sich von Zeit zu Zeit, was als Goldstandard bei der Behandlung einer bestimmten Krankheit oder Störung gilt.

Insomnie / Insomnia

Die Begriffe Insomnie oder Insomnia beschreiben Schlafstörungen unterschiedlicher Art. Insbesondere wird damit ein Mangel an Schlaf hervorgerufen durch Einschlaf- oder Durchschlafstörungen beschrieben. Schlafstörungen gehören zu den Symptomen, die bei Angststörungen oder Depressionen häufig auftreten.

intermittierend

Als intermittierend (wiederkehrend) werden Krankheiten bezeichnet, die lange andauern, bei denen aber Phasen auftreten, in denen die Symptome gemildert sind oder ganz verschwinden.

Kognitive Verhaltenstherapie

Die kognitive Verhaltenstherapie ist eine sehr häufig angewandte Form der Verhaltenstherapie. Im Mittelpunkt der kognitiven Therapieverfahren stehen Kognitionen. Kognitionen sind zum Beispiel Einstellungen, Gedanken, Bewertungen und Überzeugungen.

Die kognitiven Therapieverfahren gehen davon aus, dass die Art und Weise, wie wir denken, bestimmt, wie wir uns fühlen und verhalten und wie wir körperlich reagieren. Schwerpunkte der Therapie sind:

- ... die Bewusstmachung von Kognitionen
- ... die Überprüfung von Kognitionen und Schlussfolgerungen auf ihre Angemessenheit
- ... die Korrektur von irrationalen Einstellungen
- ... Transfer der korrigierten Einstellungen ins konkrete Verhalten

Die kognitive Verhaltenstherapie unterscheidet sich damit deutlich zum Beispiel von tiefenpsychologischen Therapieformen wie der Psychoanalyse. Im Vordergrund stehen bei der kognitiven Verhaltenstherapie nicht Kindheitserlebnisse oder die ursprünglichen Ursachen der Probleme, sondern deren praktische Lösung im Alltag. Kognitive Therapieverfahren werden äußerst erfolgreich zur Behandlung von Ängsten und Angststörungen eingesetzt.

Konfrontationstherapie

Konfrontationstherapie ist ein Begriff, der häufig für einen bestimmten Aspekt der kognitiven Verhaltenstherapie verwendet wird. Die Konfrontationstherapie ist also keine eigenständige Therapieform. Es ist wichtig, das zu wissen, da der Begriff manchmal zu Verwirrung oder Verunsicherung führt.

Die korrekte Bezeichnung für diesen Teil der Verhaltenstherapie ist „Exposition“. Die entsprechenden Übungen werden dann auch als „Expositionsübungen“ bezeichnet. Ein anderer häufig verwendeter Begriff, mit dem die meisten Menschen eine klarere Vorstellung verbinden, ist „Desensibilisierung“.

Als Desensibilisierung bezeichnet man das unempfindlich Machen gegen bestimmte äußere Reize. Der Begriff, der vor allem in der Behandlung von Allergien Anwendung findet, wird auch im Zusammenhang mit bestimmten Formen der Angsttherapie verwendet. Der Angstpatient soll dabei gegenüber den angstauslösenden Reizen unempfindlich gemacht werden. Dazu setzt man den Patienten immer wieder den angstauslösenden Reizen aus, so lange, bis dieser sich daran gewöhnt und gelernt hat, dass von den Reizen keine wirkliche Bedrohung ausgeht.

Die Bezeichnung Konfrontationstherapie leitet sich von der Konfrontation des Patienten mit den angstauslösenden Reizen ab. Die Konfrontation wird dabei als aktives Handeln gegen das typische Vermeidungsverhalten von Betroffenen verstanden. Vermeidung, also der Versuch, den angstauslösenden Reizen auszuweichen oder sie eben zu vermeiden, ist eine der Ursachen, die zur Aufrechterhaltung von Ängsten führen.

In der Konfrontationstherapie lernt der Patient, dass es möglich ist, die angstauslösenden Situationen „auszuhalten“ und vor allem, dass die Angst dabei allmählich dauerhaft nachlässt oder ganz verschwindet. Bei der Konfrontationstherapie (oder auch Desensibilisierung bzw. auch Expositionstherapie) wird der Patient entweder in kleinen Schritten oder mit einem Mal (Flooding) an die angstauslösenden Objekte oder Situationen herangeführt.

Diese Methode ist bei der Behandlung vieler Ängste erprobt und äußerst erfolgreich.

limbisches System

Das sogenannte limbische System ist der Teil des Gehirns, in dem ein Teil der Steuerung von Gefühlen, Stimmungen, Emotionen und Trieben stattfindet. Aber auch Funktionen wie Antrieb, Lernen und Gedächtnis werden dem limbischen System zugeschrieben. Die noch häufig anzutreffende Beschreibung des limbischen Systems als alleinigem Ursprung von Emotionen und Stimmungen gilt heute jedoch als überholt. Bei Patienten mit Angststörungen oder Depressionen scheinen auch Funktionen des limbischen Systems (z. B. die Stressregulation) beeinträchtigt zu sein.

Neurose

Neurose bedeutet wörtlich „Nervenkrankheit“. Mit diesem heute kaum noch verwendeten Begriff wurden ursprünglich alle nicht körperlich bedingten Erkrankungen bezeichnet. Später diente der Begriff Neurose zur Kennzeichnung von leichteren psychischen Störungen (im Gegensatz zu Psychosen). Heute werden vor allem Angststörungen und Zwangsstörungen als „neurotische Störungen“ bezeichnet.

Neurotransmitter

Neurotransmitter sind chemische Botenstoffe, die die Weiterleitung von Signalen im Nervensystem ermöglichen. Man nimmt an, dass bei bestimmten psychischen Störungen, wie zum Beispiel bei einer Depression, insbesondere die Neurotransmitter Serotonin und Noradrenalin im Gehirn nicht in ausreichender Menge zur Verfügung stehen. Antidepressiva können diesen Mangel ausgleichen.

Noradrenalin

Noradrenalin ist ein Neurotransmitter, der unter anderem Antrieb und Motivation unterstützt. Selektive Noradrenalin-Wiederaufnahmehemmer (SNRI) greifen gezielt an diesem Botenstoff an. Sie werden zum Beispiel bei mangelndem Antrieb (Antriebshemmung) verschrieben.

Panikattacke / Panikanfall

Als Panikattacke oder Panikanfall wird eine psychische und körperliche Alarmreaktion ohne erkennbaren äußeren Anlass verstanden. Die Betroffenen erleben den Panikanfall als Zustand äußerster existenzieller Angst. Typische Symptome sind:

- Atemnot, Engegefühl in Brust und Kehle
- Hyperventilation (als Folge Kribbelgefühle in Gesicht und Händen, Muskelkrämpfe)
- Herzrasen

- Schweißausbrüche
- Zittern, Schwindel
- Angstgedanken („Das ist ein Herzinfarkt“, „Jetzt sterbe ich gleich“, „Ich werde verrückt“)
- Depersonalisationsgefühle („Neben sich stehen“, „Nicht mehr ich selber sein“)
- Derealisationsgefühle („Umgebung wird als fremd, unwirklich wahrgenommen“)

Die bedrohlich erscheinenden körperlichen Symptome erzeugen weitere Ängste, die wiederum die Symptome aufrechterhalten. Ein Teufelskreis ...

Die Angst vor einem plötzlichen erneuten Auftreten einer Panikattacke führt nicht selten zu sozialem Rückzug und Vermeidung von Orten oder Situationen, in denen ein Panikanfall auftreten könnte.

Phobie

Die Bezeichnung Phobie leitet sich von dem griechischen Wort für „Angst“ oder „Furcht“ ab. Im Gegensatz zu anderen Angststörungen zeichnen sich Phobien dadurch aus, dass sich die Angst auf eines oder mehrere klar definierbare Objekte bezieht.

Ein typisches Beispiel für eine Phobie ist die Angst vor Spinnen. Phobien sind häufig für die Betroffenen weniger belastend als andere Angststörungen. Bestimmte Phobien können aber nichtsdestotrotz für die Betroffenen äußerst problematisch sein. So zum Beispiel dann, wenn eine Zahnarztphobie die Behandlung von Karies verhindert. Oder dann, wenn aufgrund einer Phobie vor Spritzen, eine notwendige Injektion oder Blutuntersuchung nicht durchgeführt werden kann.

Phytopharmaka

Phytopharmaka (Einzahl = Phytopharmakon) sind in der Medizin verwendete Arzneimittel, deren wirksame Bestandteile ausschließlich pflanzlicher Herkunft sind. Ein Phytopharmakon, das manchmal bei der Behandlung von Angst oder Depressionen zum Einsatz kommt, ist das sogenannte „Echte Johanniskraut". Phytopharmaka sind nicht automatisch harmlos, nur weil sie aus pflanzlichen Bestandteilen hergestellt werden. Sie sollten deshalb genau wie andere Medikamente behandelt werden. Ihre Einnahme sollte immer mit dem behandelnden Arzt besprochen werden. Wechselwirkungen mit anderen Medikamenten können auftreten.

Posttraumatische Belastungsstörung

Eine Posttraumatische Belastungsstörung (PTBS) ist eine besonders schwerwiegende Form von Angst, die durch ein zurückliegendes traumatisches Erlebnis ausgelöst wurde. Einer PTBS gehen definitionsgemäß ein oder mehrere belastende Ereignisse von außergewöhnlicher Bedrohung oder katastrophalem Ausmaß (Trauma) voran. Dabei muss die Bedrohung nicht unbedingt die eigene Person betreffen, sondern sie kann auch bei anderen erlebt werden (z. B. wenn man Zeuge eines schweren Unfalls oder einer Gewalttat wird).

Ein typisches Beispiel für auslösende Traumata sind die Erlebnisse von Menschen in einem Krieg. Dabei sind nicht nur die zivilen Opfer betroffen, sondern häufig auch die Soldaten selbst. Symptome sind neben starker Angst vor allem Gefühle der Hilflosigkeit und des Ausgeliefertseins.

Psychologe / Psychotherapeut / Psychiater

Uns erreichen regelmäßig Anfragen, die sich auf den Unterschied zwischen Psychologen, Psychotherapeuten und Psychiatern beziehen. Aus diesem Grund folgt hier eine kurze Erläuterung zu diesen Berufsbezeichnungen.

- *Psychologe* ist eine Berufsbezeichnung von Personen, die über eine entsprechende universitäre Ausbildung im Fach Psychologie verfügen (Diplom-Psychologen bzw. Master of Science (Psychologie))

- *Psychotherapeut* als Heilberuf (selbstständige oder als Anstellung in Kliniken ausgeführte Psychotherapie) ist nicht identisch mit Psychologe: Ein Psychologe kann psychotherapeutisch tätig sein, wenn er eine entsprechende Zusatzausbildung (Psychologischer

Psychotherapeut) absolviert hat.
Die Kosten für Psychotherapien bei einem staatlich anerkannten Psychotherapeuten werden von den meisten Krankenkassen übernommen.
Die Überweisung zu einem Psychotherapeuten muss aber von einem Arzt vorgenommen werden. Vor Beginn der Therapie muss mit der Krankenkasse geklärt werden, ob und wenn ja, für wie viele Therapiesitzungen die Kosten übernommen werden.

Im Gegensatz zu einem Psychiater ist ein Psychologe oder ein Psychotherapeut in der Regel kein Arzt! Das heißt, er kann zum Beispiel keine Medikamente verschreiben oder Überweisungen zu anderen Ärzten oder Krankenhäusern vornehmen.

- *Psychiater* sind Fachärzte für Psychiatrie und Psychotherapie. Die Psychiatrie ist eine Spezialisierungsrichtung innerhalb der Medizin. Psychiater beschäftigen sich mit der Diagnose, Behandlung und Erforschung von psychischen Erkrankungen oder Störungen unter Einbeziehung der körperlichen Ebene (Somatik).
  Ein niedergelassener Psychiater ist ein Facharzt genau wie zum Beispiel ein Orthopäde, ein Urologe oder ein HNO-Arzt. Das heißt, der Psychiater kann im Gegensatz zum Psychologen/Psychotherapeuten Rezepte ausstellen und Medikamente (z. B. Psychopharmaka) verschreiben.

Psychopharmaka

Als Psychopharmaka werden grundsätzlich alle Medikamente bezeichnet, die auf die Psyche des Menschen einwirken. In der Regel sind damit solche Medikamente gemeint, die der Behandlung psychischer Störungen oder neurologischer Krankheiten dienen.

Bei der Behandlung von Ängsten und Angststörungen kommen vor allem Antidepressiva (Mittel zur Behandlung von Depressionen, Ängsten und chronischen Schmerzen), Tranquillanzien (Beruhigungs- und Schlafmittel) und Anxiolytika (angstlösende Medikamente) zum Einsatz.

Psychose

Eine Psychose ist eine schwere psychische Störung. Bei einer Psychose entwickeln die Patienten häufig Wahnvorstellungen und verlieren den Bezug zur Realität. Die Betroffenen sind sich ihrer psychotischen Störung oftmals nicht bewusst. Sie halten sich für gesund. Im Zusammenhang mit Angststörungen treten Psychosen nur in sehr seltenen, schweren Fällen auf.

Psychosomatik

Der Begriff Psychosomatik setzt sich aus den griechischen Wörtern für „Seele" (Psyche) und „Körper" (Soma) zusammen. Dementsprechend bezeichnet Psychosomatik die engen Zusammenhänge zwischen seelischen und körperlichen Vorgängen.

Ein Beispiel für einen psychophysiologischen Zusammenhang: Angst führt dazu, dass im Körper Adrenalin ausgestoßen wird, was u. a. die Magen-Darm-Peristaltik hemmt und bei längerem Bestehen zu Verdauungsstörungen führen kann. In vielen Redewendungen des Alltags ist dieser Zusammenhang impliziert: Etwas liegt einem „schwer im Magen", eine Sache geht einem „an die Nieren", der Schreck „fährt einem in die Glieder", jemandem ist eine „Laus über die Leber gelaufen".

Psychotherapeut / Psychologischer Psychotherapeut

Psychotherapeut ist eine geschützte Berufsbezeichnung. Das Psychotherapeutengesetz (PsychThG) regelt genau, wer diese Berufsbezeichnung führen darf. Dazu gehören Ärzte mit entsprechender Ausbildung, Psychologische Psychotherapeuten und Kinder- und Jugendlichenpsychotherapeuten, die eine entsprechende Approbation (staatliche Zulassung) haben. Heilpraktiker gehören nicht dazu. Ihre Berufsbezeichnung lautet „Heilpraktiker für Psychotherapie".

Remission

Als Remission bezeichnet man das zeitweise oder dauerhafte Nachlassen der Symptome einer Krankheit, ohne dass eine endgültige Heilung erreicht wurde. Manchmal findet man auch die Bezeichnungen „Vollremission" für eine vollständige Heilung oder „partielle Remission" für eine teilweise Besserung der Symptome.

Responder / Non Responder

Als Responder wird in der Medizin ein Patient oder ein Proband bezeichnet, der auf eine bestimmte Behandlungsmethode wie erwartet reagiert. Ein Responder ist zum Beispiel ein depressiver Patient, bei dem die depressiven Symptome, nach der Einnahme eines Antidepressivums, wie erwartet, nachlassen. Als Non Responder werden die Patienten bezeichnet, bei denen ein Medikament oder eine Behandlungsmethode, trotz korrekter Durchführung, nicht die gewünschte Wirkung zeigt. Siehe auch „Therapieresistenz“.

Rezidiv

Als Rezidiv bezeichnet man in der Medizin einen Rückfall. Bei der Behandlung von psychischen Erkrankungen treten Rückfälle zum Beispiel häufig auf, wenn die Patienten nach einer ersten Besserung (partielle Remission) die Behandlung oder die Einnahme der Medikamente abbrechen. In der Folge kann ein Rezidiv dann sogar mit stärkeren Symptomen auftreten als zu Beginn der Erkrankung.

Rezidivprophylaxe

Als Rezidivprophylaxe bezeichnet man alle Maßnahmen, die dazu dienen, das erneute Auftreten einer Erkrankung zu vermeiden.

Schilddrüsenüberfunktion

Bei einer Schilddrüsenüberfunktion produziert die Schilddrüse zu viele Schilddrüsenhormone. Die Symptome wie Nervosität, Herzklopfen oder Herzstolpern ähneln denen einer starken Angstreaktion. Gleichzeitig können diese Symptome die Angst auch erst auslösen. Ihr Arzt kann mittels einfacher Untersuchungen schnell herausfinden, ob Sie unter einer Schilddrüsenüberfunktion leiden.

Serotonin

Serotonin ist ein Neurotransmitter (Botenstoff), der im Gehirn unter anderem die Stimmung des Menschen beeinflusst. Serotonin wird deshalb im Volksmund häufig als „Glückshormon“ bezeichnet. Da zum Beispiel bei einer Depression ein Mangel an Serotonin vorliegt, haben die meisten Antidepressiva unter anderem die Funktion, die Konzentration von Serotonin im Gehirn zu erhöhen. Die Selektiven Serotonin-Wiederaufnahmehemmer (SSRI) zum Beispiel blockieren, die Wiederaufnahme des Botenstoffs und sorgen so dafür, dass mehr Serotonin zur Verfügung steht.

Spezifische Phobie

Der Begriff „Spezifische Phobie“ wird für Ängste verwendet, die sich klar einem angstauslösenden Objekt oder Reiz zuordnen lassen.

(siehe auch: Phobie)

somatoforme Störung

Als somatoforme Störungen werden Erkrankungen bezeichnet, die sich durch körperliche Symptome äußern, bei denen aber keine körperlichen Ursachen gefunden werden können. Typische somatoforme Störungen sind Müdigkeit, Erschöpfung, Schmerzen, Herz-Kreislaufprobleme und Magen-Darm-Beschwerden.

somatogen

Somatogen bedeutet „körperlich“, „vom Körper kommend“, „körperlich bedingt“. Häufig wird stattdessen auch der Begriff „organisch“ verwendet.

Somatogene Angststörung / Depression

Somatogene Angststörungen oder Depressionen sind solche, die organisch oder hormonell bedingt sind. Ursachen können Stoffwechselstörungen, Tumore oder verletzungsbedingte Hirnschädigungen sein. Typisch sind zum Beispiel Angststörungen oder Depressionen bei Störungen der Schilddrüsenfunktion. Aber auch hormonell bedingte Probleme z. B. nach einer Schwangerschaft (z. B. postpartale Depression) werden zu den somatogenen Störungen gezählt.

Soziale Phobie

Mit dem Begriff „Soziale Phobien“ werden Ängste beschrieben, die beim Zusammensein mit anderen Menschen auftreten. Das zentrale Merkmal sind ausgeprägte Ängste, in sozialen Situationen im Zentrum der Aufmerksamkeit zu stehen und sich peinlich oder beschämend zu verhalten.

Menschen mit sozialer Phobie meiden häufig gesellschaftliche Zusammenkünfte, da sie fürchten, Erwartungen anderer nicht zu erfüllen und auf Ablehnung stoßen zu können. Sie fürchten, dass ihnen ihre Nervosität oder Angst angesehen werden könnte, was ihre Angst oftmals noch weiter verstärkt.

Begleitet wird die Angst oft durch körperliche Symptome wie Erröten, Zittern, Herzrasen, Schwitzen, Atemnot, Verkrampfung, Sprechhemmung und häufige Versprecher, Schwindelgefühle, Derealisation und Depersonalisation, Beklemmungsgefühle in der Brust, Kopf- und Magenschmerzen, Durchfall, Übelkeit (Würgereiz) oder Panikgefühle.

Stressbewältigung

Stressbewältigung ist ein Sammelbegriff für „Stressmanagementmethoden", also für Methoden, um psychisch belastenden Stress zu verringern oder ganz abzubauen.

Typische Mittel zur Stressbewältigung sind Entspannungstraining (z. B. das Autogene Training oder die Progressive Relaxation), Achtsamkeitstraining aber auch Sport. Insbesondere Ausdauersport gilt als äußerst wirksam, wenn es darum geht, die negativen Wirkungen von zu viel Stress zu kompensieren.

Symptomatik

Mit dem Begriff Symptomatik bezeichnet man die Gesamtheit aller, bei einer bestimmten Erkrankung auftretenden Symptome.

Symptome

Als Symptome werden generell alle Krankheitszeichen und Begleiterscheinungen von Erkrankungen bezeichnet. Typische Symptome sind zum Beispiel Fieber aber auch Herzrasen oder Schwitzen.

Angstsymptome wie Schwitzen, Zittern oder Herzstolpern lösen bei den Betroffenen häufig die Befürchtung aus, an einer schweren körperlichen Erkrankung zu leiden. Die typischen Angstsymptome können oft selbst erneute Ängste auslösen.

Trauma

Der Begriff Trauma steht ursprünglich für Verletzungen jeder Art. Innerhalb der Psychologie wird der Begriff aber vor allem für seelische Verletzungen oder Belastungen verwendet. Typische Traumata sind der plötzliche Tod eines geliebten Menschen, das Miterleben eines schweren Unfalls aber auch sexueller Missbrauch.

Trizyklische Antidepressiva

Die sogenannten trizyklischen Antidepressiva waren die ersten Medikamente, die erfolgreich als Antidepressiva eingesetzt wurden. Ihren Namen haben sie aufgrund ihrer chemischen Struktur erhalten. Sie werden häufig auch als „ältere Antidepressiva" bezeichnet. Sie zeichnen sich durch eine gute Wirkung, aber leider auch durch besonders viele unerwünschte Nebenwirkungen aus.

Vegetatives Nervensystem

Das sogenannte vegetative Nervensystem ist der Teil des Nervensystems, über das alle automatisch ablaufenden Funktionen des Körpers gesteuert werden. Dazu gehören unter anderem der Blutdruck, die Atmung, der Herzschlag und die Verdauung. Eine andere Bezeichnung für das vegetative Nervensystem ist „Autonomes Nervensystem". Diese Bezeichnung beschreibt eine wichtige Eigenschaft dieses Teils des Nervensystems. Es unterliegt nämlich nicht der willentlichen Steuerung und kann bestenfalls indirekt willentlich beeinflusst werden. Im Gegensatz dazu kann das sogenannte „Somatische Nervensystem" bewusst gesteuert werden (z. B. Muskulatur und Bewegung).

Wirklatenz

Als Wirklatenz (Latenz = Verzögerung) bezeichnet man den verzögerten Wirkungsbeginn eines Medikaments. Die meisten Antidepressiva haben eine Wirklatenz von mehreren Wochen. Einzelne Anteile des Wirkspektrums (z. B. Antrieb oder Schmerzlinderung) können aber bereits früher eintreten. Das ist zum Beispiel problematisch, wenn der Antrieb eines Patienten bereits gesteigert wird, bevor eine Verbesserung der Stimmung eintritt (Suizidgefahr).

Zirkadianer Rhythmus

Als zirkadianen Rhythmus bezeichnet man den Ablauf biologischer Aktivitäten im Tagesverlauf. Dazu zählt zum Beispiel der Wach-Schlaf-Rhythmus. Der zirkadiane Rhythmus wird manchmal auch als „innere Uhr“ bezeichnet. Insbesondere der Wach-Schlaf-Rhythmus ist bei Angststörungen und Depression häufig gestört.

Liste weitverbreiteter Phobien

Grundsätzlich kann man sagen, dass es keine Phobie gibt, die es nicht gibt. Wer sich näher mit diesem Thema beschäftigt, stößt auf die erstaunlichsten Krankheitsbilder, von denen die Angst vor Knöpfen oder die Angst vor Füßen noch nicht zu den ungewöhnlichsten Phobien zählen!

Generell kann man durch die Formel (lateinisches/griechisches Nomen) + „phobie" einen Namen für jede erdenkliche Phobie erzeugen. Manche Webseiten machen sich einen Spaß daraus, indem sie kleine Programme anbieten, mit denen man den Namen jeder erdenklichen Phobie generieren kann.

Doch auch, wenn man den Spaß beiseite lässt, gibt es eine erstaunlich lange Liste von Phobien, die in der medizinischen Literatur erwähnt werden. Die folgende Liste beinhaltet die Phobien, die am häufigsten genannt werden. Von einer Phobie spricht man im Übrigen nur dann, wenn die Angst vor einer Sache ungewöhnlich groß ist. So ist die Angst davor, an AIDS zu erkranken sicher ganz normal. Wenn aber jemand aus Angst, sich zu infizieren, zum Beispiel niemandem mehr die Hand schüttel will oder öffentliche Verkehrsmittel meidet, spricht man von einer krankhaften Angst, also einer Phobie.

- Anthophobie – Angst vor Blumen
- Abortphobie Angst vor einer Fehlgeburt
- Achluophobie Angst vor Dunkelheit (auch Nyktophobie)
- Acrophobie siehe Akrophobie
- Aelurophobie: Angst vor Katzen (auch Ailurophobie)
- Agoraphobie Angst vor weiten Plätzen, Reisen und/oder Menschenansammlungen
- Aichmophobie Angst vor spitzen oder scharfen Gegenständen

- AIDS-Phobie: Angst davor, sich mit HIV zu infizieren
- Akarophobie: Angst vor Insektenstichen/stechenden Insekten oder Infektion durch Milben und Zecken
- Akrophobie: Angst vor Höhe und Tiefe
- Altophobie siehe Akrophobie
- Amaxophobie: Angst vor dem Autofahren
- Androphobie: Angst vor Männern
- Anthophobie: Angst vor Blumen
- Anthropophobie: Angst vor Menschen
- Aphephosmophobie Berührungsangst (Angst vor Berührung durch andere Lebewesen)
- Aquaphobie: Angst vor Wasser
- Arachnophobie: Angst vor Spinnen
- Arbeitsplatzphobie: Angst davor, den eigenen Arbeitsplatz aufzusuchen (Form der Sozialphobie)
- Arztphobie: Angst vor Ärzten
- Autophobie: Angst vor sich selbst, bzw. davor auf sich allein gestellt zu sein
- Aviophobie: Angst vor dem Fliegen

B

- Bacillophobie: Angst vor Mikroben und Infektionen
- Bacteriophobie: Angst vor Bakterien und Infektionen

C

- Caino(to)phobie: Angst vor Neuem und vor Veränderungen (auch Neophobie)
- Cancerophobie siehe Karzinophobie
- Chiraptophobie Angst vor Berührungen
- Cleisiophobie: Angst vor bzw. in geschlossenen Räumen (auch Klaustrophobie)
- Coitophobie: Angst vor Geschlechtsverkehr
- Coprophobie Angst vor Exkrementen (Schmutz)
- Coulrophobie: Angst vor Clowns

D

- Demophobie: Angst vor Menschenmassen
- Dentophobie: Angst vor dem Zahnarzt
- Dysmorphophobie: Angst vor Entstellung

E

- Emetophobie: Angst vor dem Erbrechen
- Erythrophobie: Angst vor dem Erröten

G

- Gelotophobie: Angst davor, ausgelacht zu werden
- Gephyrophobie: Angst vor (dem Überqueren von) Brücken

- Gerontophobie: Angst vor dem Alter bzw. Angst vor alten Menschen
- Gravidophobie: Angst vor Schwangerschaft

H

- Haematophobie: Angst vor Blut
- Halitophobie: Angst vor Mundgeruch
- Haphephobie: Angst vor Berührungen
- Haptophobie: Angst sich anzustecken (durch Berührung)
- Herpetophobie: Angst vor Reptilien oder generell vor kriechenden oder krabbelnden Tieren
- Herzphobie: Angst vor Herzerkrankungen
- Hoplophobie: Angst vor Feuerwaffen
- Hydrophobie: Angst vor Wasser oder Angst vor dem Trinken von Wasser. Letzteres kann auch ein Symptom anderer Erkrankungen, wie zum Beispiel der Tollwut sein.

K

- Kanzerophobie: (übersteigerte) Angst vor Krebs
- Kardiophobie: (übersteigerte) Angst vor Herzerkrankungen
- Karzinophobie: (übersteigerte) Angst vor Krebs
- Klaustrophobie: Angst vor bzw. in engen Räumen
- Kopophobie Angst vor Müdigkeit und/oder Erschöpfung
- Kynophobie Angst vor Hunden oder hundeähnlichen Tieren

L

- Logophobie: Angst vor dem Sprechen

M

- Methatesiophobie: Angst vor Veränderung und/oder Erfolg
- Misophobie: siehe Mysophobie
- Molysmophobie: siehe Mysophobie
- Mysophobie: Angst vor Schmutz oder Ansteckung

N

- Nekrophobie: Angst vor Toten und damit assoziierten Dingen
- Neophobie: Angst vor Neuerungen oder Veränderungen
- Nomophobie: Angst davor, ohne Mobiltelefonkontakt zu sein
- Nosophobie: (übersteigerte) Angst davor, krank zu werden
- Nyktophobie: Angst vor oder in der Dunkelheit

O

- Ochlophobie: Angst vor Menschenmengen
- Odontophobie: Angst vor Zähnen oder Zahnbehandlungen
- Odynophobie: (übersteigerte) Angst vor Schmerz (auch Agliophobie)
- Ornithophobie: Angst vor Vögeln oder vogelähnlichen Tieren

P

- Parasitophobie: Angst vor Parasiten
- Paraskavedekatriaphobie: Angst vor Freitag, dem 13.
- Phobophobie: Angst vor Angst oder Ängsten
- Phonophobie: Angst vor bzw. Überempfindlichkeit gegenüber (bestimmten) Geräuschen (oft keine echte Angsterkrankung, sondern Symptom anderer Erkrankungen)
- Photophobie: Angst vor Licht (ist oft keine echte Angsterkrankung, sondern Symptom einer anderen Erkrankung)

R

- Radiophobie: Angst vor Strahlung

S

- Scholionophobie: Angst vor der Schule / vor dem Schulbesuch
- Schulphobie (Schulangst): meist eher eine Sozialphobie / Angst vor Bewertung, Bestrafung etc.
- Schwangerschaftsphobie: Angst vor Schwangerschaft oder während der Schwangerschaft
- Sitophobie: Angst vor Nahrung (oft Symptom einer Essstörung)
- Soziale Phobie (Soziophobie): Angst vor (fremden) Menschen und/oder davor, in sozialen Situationen negativ bewertet zu werden

T

- Taphephobie (Taphophobie): Angst vor Friedhöfen oder davor, lebendig begraben zu werden

- Tetraphobie: Angst vor der der Zahl Vier
- Tierphobie: Angst vor Tieren (siehe auch Zoophobie)
- Triskaidekaphobie (Tridecaphobie): Angst vor der Zahl Dreizehn (Aberglaube)
- Trypanophobie: Angst vor Injektionen

V

- Vaccinophobie: Angst vor Impfungen

X

Xenophobie: Angst vor Fremden (Fremdenfeindlichkeit)

Z

Zoophobie: Angst vor Tieren

Übrigens, die in der öffentlichen Diskussion häufig erwähnten „Phobien“ wie Heterophobie, Homophobie oder Xenophobie sind keine Angsterkrankungen, sondern Bezeichnungen für Feindlichkeit gegenüber verschiedenen Minderheiten.

Adressen und Informationen

Im Folgenden finden Sie Adressen, die Ihnen als erste Anlaufstelle dienen können, wenn Sie auf der Suche nach Informationen zum Thema Angst, Hilfe und Selbsthilfe sind.

DASH - Deutsche Angst Selbsthilfe

Auf den Seiten der Deutschen Angst Selbsthilfe finden Sie eine Vielzahl an Informationen, Hilfen und Adressen rund um das Thema Angst und Angststörungen.

Web: www.panikattacken.de
E-Mail: kontakt@panik-attacken.de

Postanschrift:
MASH Münchner Angst-SelbstHilfe
c/o Angst-Hilfe e.V. München
Bayerstraße 77a Rgb.
80335 München

Tel: 089/51 55 53-0
Fax: 089/51 55 53-16

BundespsychoTherapeutenKammer (Verzeichnis von Psychotherapeuten)
Wenn Sie auf der Suche nach einem geeigneten Therapeuten in Ihrer Nähe sind, finden Sie hier alle notwendigen Informationen und Adressen.

Web: http://www.bptk.de/service/therapeutensuche.html
E-Mail: info@bptk.de

Postanschrift:
Klosterstr. 64
10179 Berlin

Tel.: 030 278785-0

Bundesarbeitskreises der Angehörigen psychisch Kranker (BApK)

Der Bundesarbeitskreis bietet unter anderem Beratung per E- Mail und per

Telefon an:

Telefon: 01805 950 951
E-Mail: seelefon@psychiatrie.de

Sozialpsychiatrische Dienste

Sozialpsychiatrische Dienste bieten unter anderem Beratung und Hilfe für Menschen mit psychischen Erkrankungen und auch für deren Angehörige oder Freunde an. Jeder Bürger hat Anspruch auf Hilfe und Beratung durch einen sozialpsychiatrischen Dienst. Da die sozialpsychiatrischen Dienste von den einzelnen Bundesländern geführt werden, können sich die Regelungen im Einzelfall unterscheiden. Der Bundesverband der Angehörigen psychisch Kranker e. V. führt auf seinen Seiten „Psychiatrienetz“ eine (leider noch nicht ganz vollständige) Liste von sozialpsychiatrischen Diensten der einzelnen Bundesländer.

Web: http://www.psychiatrie.de/bapk/prof-hilfen/spdis/

Informationen zum Thema Psychotherapie

Auf den Webseiten der Bundespsychotherapeutenkammer finden Sie Informationen und Hinweise zum Thema Psychotherapie. Unter anderem kann dort die Broschüre „Wege zur Psychotherapie“ in verschiedenen Sprachen heruntergeladen werden.

Web: http://www.bptk.de/patienten/einfuehrung.html

Bundespsychotherapeutenkammer
Arbeitsgemeinschaft der Landespsychotherapeutenkammern
Klosterstr. 64
10179 Berlin
Tel.: 030 278785-0
E-Mail: info@bptk.de

Verzeichnisse von Psychotherapeuten

Auf der Website von „Therapie.de“ finden Sie eine Liste mit etwa 5000 dort registrierten Therapeuten. Die Liste kann nach unterschiedlichen Therapieverfahren, Behandlungsschwerpunkten durchsucht werden. Ebenso können Sie über die Ort-Suche leicht einen Therapeuten in Ihrer Nähe finden. (Beachten Sie, dass hier sehr viele, aber nicht alle Therapeuten aufgeführt sind).

Web: http://www.therapie.de/psychotherapie/-regionalsuche-/

Auf der Webseite „Psychotherapeutensuche.de“ kann man ebenfalls nach Therapeuten in der Nähe des eigenen Wohnorts suchen. (Beachten Sie, dass hier nicht alle Therapeuten aufgeführt sind).

Web: http://www.psychotherapeutensuche.de/psychotherapeuten/suche/

Arztsuche in Deutschland

Auf den Seiten der Kassenärztlichen Bundesvereinigung finden Sie die Kontaktdaten der verschiedenen Kassenärztlichen Vereinigungen der einzelnen Bundesländer. Dort erhalten Sie Auskunft über Ärzte unterschiedlicher Fachgebiete in Ihrer Nähe.

Web: http://www.kbv.de/arztsuche/178.html

Kassenärztliche Bundesvereinigung
Herbert-Lewin-Platz 2, 10623 Berlin
Postfach 12 02 64, 10592 Berlin
Tel.: (0 30) 40 05 – 0
Fax: (0 30) 40 05 - 15 90

Diakonie

Web: www.evangelische-beratung.info/angebote/lebensberatung

Caritas

Web:
www.caritas.de/hilfeundberatung/onlineberatung/behinderungundpsychisc
heerkrankung/

Was tun im Notfall?

Wenn Sie selbst unter einer Angststörung leiden oder mit einem Menschen mit einer Angsterkrankung zusammenleben, kann es im Verlauf der Erkrankung zu Krisen oder auch echten Notfällen kommen. In schweren Fällen und bei Suizidankündigungen oder Suizidversuchen sollte man nicht zögern und umgehend den Notruf (Telefon 112) wählen. Es ist sinnvoll, Adressen und Telefonnummern von Krankenhaus, Therapeut und ggf. Taxizentrale immer griffbereit zu haben.

Beratung in Krisensituationen

Die Telefonseelsorge kann man rund um die Uhr und an jedem Tag der Woche gebührenfrei unter den Rufnummern +49 (0)800 111 0 111 oder +49 (0)800 111 0 222 erreichen. Die Berater sind geschult und können Ihnen wertvolle Hilfe und Ratschläge geben. Kinder und Jugendliche können sich an das Kinder- und Jugendtelefon wenden, das wochentags zwischen 14:00 Uhr und 20:00 Uhr unter der Telefonnummer 0800/111-0-333 erreichbar ist.

Die Telefonseelsorge ist rund um die Uhr, 24 Stunden an jedem Tag unter den Telefonnummern:

0800/111 0 111 oder 0800/111 0 222

erreichbar.

Die Telefonseelsorge ist übrigens nicht nur per Telefon erreichbar. Auf der Webseite: http://www.telefonseelsorge.de finden Sie unter dem Menüpunkt „Angebote“ auch die Möglichkeit, per Chat oder Webmail Kontakt zu einem Berater aufzunehmen.

Suizidversuch oder Suizidgefahr

In beiden Fällen ist die Notfallnummer 112 zu wählen. Es gilt, möglichst ruhig zu bleiben, und die Fragen der Gegenstelle genau zu beantworten. Teilen Sie insbesondere die Adresse korrekt mit, damit die Notretter Sie möglichst schnell erreichen können. Lassen Sie den suizidgefährdeten Menschen nicht alleine. Entfernen Sie alle Gegenstände aus seiner Nähe, die er dazu verwenden könnte, sich zu verletzen.

Notfallnummern in verschiedenen Bundesländern

Auf dieser Webseite finden Sie eine Liste mit Notfalltelefonnummern in den einzelnen Bundesländern:

http://www.depressionen-depression.net/notfaelle/notfallnummern.htm

Weitere Notfallnummern

In einem Notfall können auch andere Telefonnummern wichtig sein. Es ist sinnvoll, sich auch die folgenden Nummern für den Notfall zu notieren:

- Telefonnummer/Handynummer des Partners oder eines guten Freundes
- Telefonnummer des behandelnden Arztes und/oder Psychiaters
- Telefonnummer des nächstgelegenen Krankenhauses/Klinik
- Telefonnummer des behandelnden Therapeuten
- Telefonnummer eines Taxiunternehmens (Geld für die Taxifahrt bereithalten)

Tipp: Informationen immer bereithalten

Im Fall eines Zusammenbruchs oder eines anderen Notfalls ist es erfahrungsgemäß schwierig, die richtigen Entscheidungen zu treffen und wichtige Telefonnummern oder Adressen zu finden. Es macht also sehr viel Sinn, diese Informationen nicht erst suchen zu müssen, wenn man sie dringend benötigt. Es reicht schon, die wichtigsten Schritte und Kontaktdaten auf einem DIN-A4 Blatt aufzuschreiben und dieses zusammengefaltet unter das Telefon oder ins Telefonbuch zu legen. So hat man alle wichtigen Daten zur Hand, wenn man sie benötigt. Vergessen Sie die Notfallliste nicht, wenn sie unterwegs sind. Eine Kopie gehört in die Hand- oder Brieftasche.

Tipp: Hilfe gibt es nicht nur für Betroffene

Beratung und Hilfe zum Beispiel bei der Telefonseelsorge erhalten nicht nur Betroffene, sondern jeder, der das Gefühl hat, mit (seelischen) Problemen oder Sorgen allein überfordert zu sein. Das betrifft in unserem Fall insbesondere auch Angehörige und Freunde von depressiven Menschen. Wenn Sie sich mit der aktuellen Situation überfordert fühlen, können Sie dort jederzeit Hilfe und Beratung erhalten.

Lesetipps zum Thema Angst

Wenn Sie sich noch weiter über das Thema Angst und Angststörungen informieren möchten, finden Sie im Folgenden einige lesenswerte Bücher zu diesem Thema.

Ängste verstehen und überwinden

Wolf, Doris (ISBN 3923614322)
Gut lesbares Buch mit vielen guten Erläuterungen und Hilfen für Angstbetroffene.

Wenn plötzlich die Angst kommt: Panikattacken verstehen und überwinden

Baker, Roger, Merckel-Braun, Martina (ISBN 3417205557)
Viele praktische Tipps für den Umgang mit Panikattacken.

Wenn die Seele den Körper leiden lässt

Loew, Thomas; Köllner, Volker (ISBN 9783893734184)
Der Autor, Dr. med. Thomas Loew beschreibt anschaulich und gut verständlich die Zusammenhänge zwischen Psyche und Körper. (Leider zur Zeit nur noch gebraucht zu bekommen)

Hilfen bei Stress und Belastung

Tausch, Reinhard (ISBN 978-3-499-60124-8)
Der bekannte Psychologe, Professor Tausch, zeigt hier sehr praxisnah, wie man Stress im eigenen Leben reduzieren und besser mit Problemen umgehen kann.

Der achtsame Weg durch die Depression

Williams, Mark / Teasdale, John / Segal, Zindel / Kabat-Zinn, Jon (ISBN 978-3-936855-80-7)
Ein leicht verständliches Buch zum Thema Depressionsbewältigung durch Achtsamkeit, das auch für Angstpatienten geeignet ist. Die Autoren sind renommierte Vertreter der Achtsamkeitsbasierten Kognitiven Therapie (MBCT). Im Buch enthalten sind zwei CDs mit Achtsamkeitsübungen.

Kontakt

Haben Sie eine Frage oder eine Anregung? Wir freuen uns darauf, von Ihnen zu hören.

Wenn Ihnen das Buch gefallen hat, freuen wir uns natürlich auch immer sehr über eine positive Bewertung bei Ihrem Buchhändler. Schon im Voraus vielen Dank dafür :-)

Bitte senden Sie Ihre Fragen oder Vorschläge an:

Zebrabuch

Auf dem Kamp 15

51645 Gummersbach

Stichwort: Angst/Panik

Per E-Mail:

info@zebrabuch.de

oder direkt an:

alexander.stern@zebrabuch.de

Über den Autor

Alexander Stern ist der Autor bekannter Ratgeber wie „Achtsamkeit kann man lernen!“, „Schluss mit Angst und Panik“ sowie des Bestsellers „Selbstbewusstsein kann man lernen!“.

Alexander Stern versteht es wie kein Zweiter, die neuesten Erkenntnisse der psychologischen Forschung in alltagstaugliche Anleitungen für jedermann zu übersetzen.

In seiner neuesten Veröffentlichung „Depressionen – erkennen – verstehen – überwinden“ gibt er fundierte und anschauliche Antworten auf Fragen rund um das aktuelle Thema Depressionen und deren Behandlung.

Weitere Bücher von Alexander Stern

Das große Angstbuch

Das große Angstbuch beantwortet auf weit über 400 Seiten so gut wie alle Fragen, die bei Betroffenen und Angehörigen zum Thema Angst und Panik entstehen.

Erhältlich als E-Book und Taschenbuch

Depressionen – erkennen – verstehen - überwinden

Sie finden im Buch unter anderem Antworten auf diese Fragen:

- Was ist eine Depression überhaupt?
- An welchen Symptomen erkennt man eine Depression?
- Wie verläuft eine Depression?
- Wie wird eine Depression behandelt?
- Wie sind die Heilungschancen?
- Was muss man über Antidepressiva wissen?
- Was muss man über Psychotherapie wissen?
- Wie kann man einer Depression vorbeugen?
- Wie kann man eine Suizidabsicht erkennen?
- Was kann man selbst tun, damit es einem wieder besser geht?

Erhältlich als E-Book und Taschenbuch

Selbstbewusstsein kann man lernen!
Der Bestseller von Alexander Stern.

Alles rund um das Thema Selbstbewusstsein, Selbstvertrauen und Selbstsicherheit.

Erhältlich als E-Book und Taschenbuch

Achtsamkeit kann man lernen!

Alles Wissenswerte zum Thema Achtsamkeit und Meditation.

Mit vielen Anleitungen und Übungen zum sofortigen Ausprobieren.

Erhältlich als E-Book und Taschenbuch

Die Website zum Buch

Auf der Website des Autors …

www.gefuehlundverstand.de

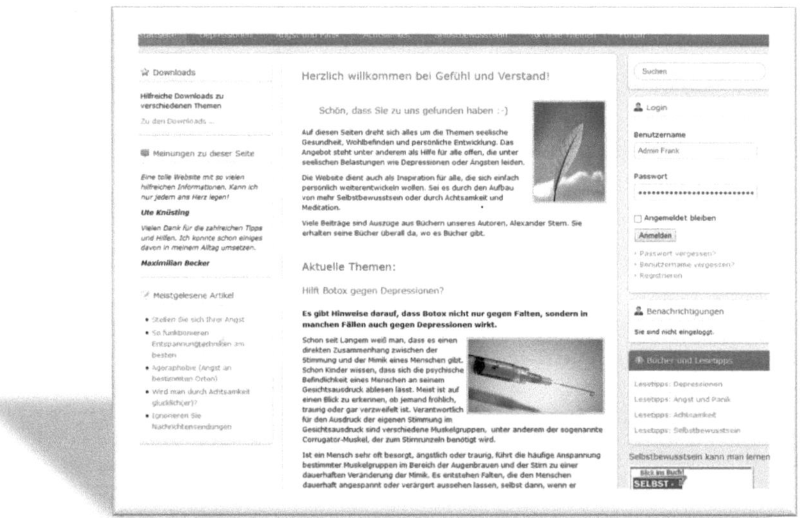

… finden Sie viele weitere Informationen zu den Themen, Angst, Panik und Depressionen. Ein ausführlicher Teil der Seite beschäftigt sich zudem mit den Themen Achtsamkeit und Meditation. Sie erfahren, was Achtsamkeit bedeutet und wie wirkungsvoll Achtsamkeit bei vielen seelischen und körperlichen Störungen ist.

Darüber hinaus finden Sie auf der Seite Anleitungen für Entspannungsübungen zum Herunterladen.

In einem Forum können Sie sich auf Wunsch mit anderen Lesern und Besuchern der Seite austauschen.